# Sua Sombra

Figura 1

*Por trás do véu da consciência esconde-se o seu lado sombrio. Aprenda como integrá-lo e torne-se um ser humano completo.*

# Sua Sombra

Robin Robertson

*Tradução*
ALÍPIO CORREIA DE FRANCA NETO

EDITORA PENSAMENTO
São Paulo

Título do original:
*Your Shadow*



Publicado mediante acordo com A.R.E. Press, Virginia Beach, Virginia, USA.



O primeiro número à esquerda indica a edição, ou reedição, desta obra. A primeira dezena à direita indica o ano em que esta edição, ou reedição, foi publicada.

| Edição | Ano |
|---|---|
| 1-2-3-4-5-6-7-8-9-10-11 | 00-01-02-03-04-05 |

Direitos de tradução para a língua portuguesa
adquiridos com exclusividade pela
EDITORA PENSAMENTO LTDA.
Rua Dr. Mário Vicente, 374 — 04270-000 — São Paulo, SP
Fone: 272-1399 — Fax: 272-4770
E-mail: pensamento@cultrix.com.br
http://www.pensamento-cultrix.com.br
que se reserva a propriedade literária desta tradução.

*Impresso em nossas oficinas gráficas.*

## *Dedicatória*

Para John Van Auken, amigo nos tempos bons e nos maus. Que sabia que eu tinha este livro em mim antes que eu soubesse.

## *Créditos das ilustrações*

*Dore's Spot Illustrations*, seleção de Carol Belanger Grafton, Nova York: Dover Pictorial Archive Series, Dover Publications, 1987, figuras 8, 14, 15, 18.

*Encyclopedia of Witchcraft and Magic, The*, org. Venetia Newall, Nova York: Dial Press, 1974, figura 6.

*Hand Shadows to Be Thrown upon a Wall*, de Henry Bursill, Nova York: Dover Publications, 1967/1859, figura 12.

*Humorous Victorian Sport Illustrations*, org. Carol Belanger Grafton, Nova York: Dover Pictorial Archive Series, Dover Publications, 1985, figuras 7, 10.

*Men: A Pictorial Archive from Nineteenth-Century Sources*, seleção de Jim Harter, Nova York: Dover Pictorial Archive Series, Dover Publications, 1980, figuras 3, 4, 13, 16.

*1001 Spot Illustrations of the Lively Twenties*, org. Carol Belanger Grafton, Nova York: Dover Pictorial Archive Series, Dover Publications, 1986, figuras 1, 11.

*Pictorial Archive of Decorative Renaissance Woodcuts*, org. Jost Amman, Nova York: Dover Pictorial Archive Series, Dover Publications, 1968, figura 2.

*Picture Book of Devils, Demons, and Witchcraft*, org. Ernst e Johanna Lehner, Nova York: Dover Pictorial Archive Series, Dover Publications, 1971, figura 9.

*Ready-to-Use Old-Fashioned Romantic Cuts*, org. Carol Belanger Grafton, Nova York: Dover Pictorial Archive Series, Dover Publications, 1987, figuras 5, 17.

# Sumário

*Figura 2*

*Desenvolvemos uma armadura corporal para nos proteger da vida. Tornamo-nos inflexíveis e intolerantes. Para fazer mudanças na vida, temos de acabar com esse radicalismo e nos tornar flexíveis uma vez mais.*

## *Introdução*

# *Eu e a minha sombra*

*Quando menino, eu gostava de chutar*
*uma pedra meio enterrada no chão*
*ao longo do terreno*
*e tirar da embocadura úmida*
*a sombra*
*o ser secreto do seixo. Saímos*
*da terra assim, rolando*
*como se em busca, esperando*
*encontrar de novo esse local.*

— Richard Messer

O psicólogo C. G. Jung certa vez disse que toda mudança é sentida pelo ego como uma morte. Desenvolvermo-nos até nos tornarmos quem somos envolve um processo longo e lento. Abraham Lincoln certa vez observou que não gostava da cara de determinada pessoa. Quando um companheiro o criticou, dizendo, "O sujeito não pode deixar de ter uma cara", Lincoln respondeu calmamente que "Depois de certa idade, todo homem é responsável pela sua cara". Em outras palavras, cada um de nós é responsável pela sua vida; as opções morais que fazemos no decorrer de nossa existência se refletem em nós tão profundamente que os outros podem vê-las estampadas em nosso rosto, em nossa voz, em nosso modo de andar, em cada gesto.

Os estudos clínicos do psicanalista Wilhelm Reich confirmaram a aguda observação de Lincoln. Reich descobriu que o corpo é literalmente um espelho da alma. Nossos músculos assumem padrões indicativos das opções que fazemos, boas ou ruins. Desenvolvemos uma armadura corporal para nos proteger da existência. Tornamo-nos inflexíveis e intolerantes. Para fazer mudanças na vida, temos de acabar com esse radicalismo e nos tornar flexíveis uma vez mais.[1]

A pessoa que somos é produto das escolhas que fizemos ao longo de nossa vida. Cada um de nós começa com um único grupo de possibilidades determinadas por nossas capacidades inatas e pelas circunstâncias exteriores em que nos encontramos. Essas coisas fornecem o material com que pintamos o quadro de nossa vida; contudo, são as escolhas que fazemos que verdadeiramente dão colorido ao quadro.

No decorrer da vida, cada um seguiu por caminhos que os outros não tomaram. Cada um aceitou certas maneiras de fazer as coisas por se adaptar a essas maneiras e por negar outras, simplesmente pelo fato de elas não lhe dizerem respeito. Com o tempo, esses caminhos, essas escolhas fizeram de nós a pessoa que somos, e essa pessoa provavelmente mudará cada vez menos. Ao depararmos com um novo desafio, somos obrigados a lançar mão de soluções encontradas a duras penas em batalhas passadas.

Entretanto, inevitavelmente, a vida nos apresenta problemas que não podem ser resolvidos com velhas fórmulas. Esses problemas são os que exigem uma mudança em nossa vida. Temos consciência disso, mas não queremos aceitar. Forçamos uma solução antiga para um problema novo, fingindo que, embora não seja muito adequada, é quase. É claro que ela não é realmente adequada. Só estamos pondo em prática o princípio do avestruz, de enfiar a cabeça na areia e esperar que o problema se resolva. Se, por medo ou radicalismo, damos continuidade a esse comportamento por muito tempo, começamos a ser a causa real de nosso próprio sofrimento.

Parece demais esperar que tenhamos de mudar ainda outra vez; apesar de tudo, não mudamos muitas vezes antes? Sentimo-nos injustiçados pela vida; todavia, como disse Robert Green Ingalls: "Na natureza, não há recompensas nem castigos — há conseqüências." Não estamos sendo escolhidos para o castigo; estamos apenas sofrendo as conseqüências da nossa inflexibilidade. Se preferirmos a segurança à mudança, teremos de sofrer as conseqüências. Como diz sucintamente Gail Sheehy: "Se não mudamos, não crescemos. Se não crescemos, não estamos de fato vivendo. O crescimento requer uma renúncia temporária quanto à segurança."[2]

Podemos aprender a reconhecer nossa inflexibilidade e a corrigi-la. É necessário honestidade e coragem, mas as recompensas são enormes. Em primeiro lugar, o sofrimento cessa. Esse é o sinal mais seguro de que optamos pelo caminho certo novamente: o sofrimento desnecessário passa. O mais importante é que novas possibilidades se abrem em todos os aspectos em nossa vida. Se tudo parecia estéril e improdutivo, e parecia não haver soluções possíveis, agora tudo parece viável. As possibilidades podem assustar, porque cada uma oferece um caminho que nunca trilhamos antes, mas esse é um medo bom, como o que um excelente pianista sente antes de um concerto.

## A história de Ged: Olá, escuridão, minha velha amiga

> *[Jung] disse-me que certa vez conhecera um homem distinto, um quacre, que não se poderia imaginar que tivesse feito algo errado na vida. "E sabe o que aconteceu com os filhos dele?", indagou Jung. "O filho virou ladrão, a filha, prostituta. Pelo fato de o pai não assumir a sua sombra, sua parte na imperfeição da natureza humana, os filhos dele foram levados a viver até o fim o lado sombrio que ele ignorara."*
>
> — A. I. Allenby, descrevendo uma conversa com C. G. Jung.[3]

Nada é tão assustador quanto deparar com a escuridão interior — a sombra em nós. Faremos quase tudo para não ter de encarar os lugares sombrios de nossa alma. E com razão. A escuridão traz em si muitas coisas que nós, meros seres humanos, não podemos tolerar. Evidentemente, há o mal; estamos todos por demais familiarizados com isso, mas há também muito mais coisas que não são boas nem más, só estão além da nossa capacidade de compreensão. O prodígio, a beleza e todas as nossas possibilidades futuras também estão ocultos na escuridão, e com muita freqüência, com a visão estreita que temos das coisas, nós os confundimos com o mal. Quando começamos a rejeitar automaticamente como mal algo que, na verdade, é apenas exterior à nossa experiência normal, deveríamos nos lembrar das palavras do poeta/pintor/místico religioso William Blake: "Tudo em que é possível acreditar é uma imagem da verdade."[4]

Não há mudança que não principie na escuridão da alma humana. Primeiro, temos de descobrir uma entrada para a escuridão, a seguir, temos de acender uma velinha no escuro para que possamos procurar nosso eu futuro e, por fim, temos de nos unir a ele. E isso requer determinação, paciência e, mais que tudo, coragem.

A necessidade de confronto com a sombra foi reconhecida por todas as culturas em todas as épocas e registrada em mitos e lendas. Gosto de uma versão ficcional moderna da escritora de ficção científica Ursula Le Guin. Em *A Wizard of Earthsea*,[5] ela narra a história de um mundo em que a magia ainda reina e os magos passam por anos de treinamento numa academia, mais ou menos como os médicos ou advogados fazem hoje. Um jovem mago em treinamento — Ged — já compreende que tem fortes poderes mágicos, e está ansioso por usá-los. Desafiado por outro discípulo a demonstrar esse poder, ele resolve ressuscitar um espírito do mundo dos mortos, o espírito de uma grande dama falecida há mais de mil anos. O poder de Ged lhe basta para ter êxito na tarefa, contudo, no decorrer do processo, uma criatura sombria também emerge, uma criatura das trevas e do mal, inominável. Ged não tem idéia do que ela é, embora algo nela lhe seja vagamente familiar.

A sombra quase o mata antes de Ged ser salvo pelo arquimago Nemmerle, o mestre da academia e seu maior mago; entretanto, em-

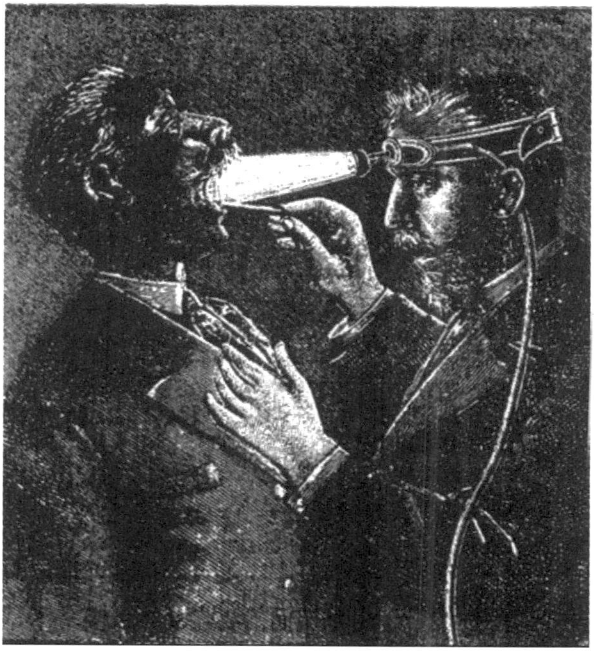

Figura 3

*Não há mudança que não comece na escuridão da alma humana. Primeiro, temos de descobrir uma entrada para a escuridão, então precisamos acender uma velinha no escuro para que possamos buscar nosso eu futuro.*

bora force a sombra a desaparecer, nem mesmo Nemmerle pode fazer a escuridão voltar para o lugar de onde veio. O esforço é tão grande que Nemmerle morre em seguida. Ged sobrevive, mas fica com uma cicatriz profunda no rosto, e a sombra está solta no mundo à espera de uma oportunidade de levar a cabo o que começou com Ged. Aparentemente, não há meio de dominar a sombra porque ninguém sabe o que ela é realmente ou qual poderia ser o seu verdadeiro nome.

*Como veremos depois, esse é um modo clássico de liberar a sombra: por meio da nossa* hubris *e da nossa arrogância. Nesse estágio inicial, não temos idéia de quem ou do que foi liberado, e decerto não o associamos a nós mesmos. Embora, a exemplo de Ged, possamos achar a coisa "vagamente familiar".*[6]

Por muito tempo, Ged anseia pela morte, convencido de que perdeu o direito a um futuro brilhante em função de um deslize momentâneo de orgulho. Aos poucos, ele dá prosseguimento ao seu treinamento de mago, uma vez que nada mais lhe resta. Ao menos, enquanto continua na academia, está protegido do mal que soltou no mundo. Tempos depois, no entanto, ele termina o treinamento e sai para dar continuidade à sua vida, sempre em guarda, já que não sabe quando poderá sofrer de novo algum ataque.

*No mínimo, o aparecimento da sombra tende a nos curar da soberba e nos obriga a nos envolver de modo mais consciente com o processo de nosso próprio desenvolvimento. Esse é um período em que a pessoa tem de dar um passo à frente do outro e continuar andando, sem idéia de onde o caminho pode levar.*

Ged aceita o título de mago de um pequeno povoado de pescadores que têm o grande azar de se ver molestados por dragões que vivem nos arredores. Enquanto ele continua lá, em grande parte como uma segurança contra os dragões, também se ocupa dos inúmeros pequenos serviços que um mago pode prestar a uma comunidade como essa. Embora respeitado pelos aldeões, ele continua a ser um homem que vive só e isolado.

*O caminho de desenvolvimento interior é inevitavelmente um caminho solitário, porque não existem soluções exteriores para o nosso problema. Pouquíssimos são os que seguem um caminho assim.*

De algum modo, ele fez amizade com um dos aldeões, mas até isso lhe causa mais pesar, quando o filho pequeno do seu amigo fica muito doente. Enquanto tenta curá-lo, Ged compreende que o menino já está morrendo. Em desespero, ele envia seu espírito atrás do espírito do menino, no recesso sombrio situado entre os vivos e os mortos. E ali ele depara uma vez mais com as criaturas sombrias das trevas. De alguma forma, Ged consegue rechaçá-las e voltar ao mundo dos homens, onde novamente fica como que morto durante dias. O menino morreu, Ged mais uma vez quase morreu, e o medo que tem da sombra agora é quase devastador.

*A diferença aqui, quanto a seu primeiro confronto com a sombra, é que isso se dá não em função de sua arrogância e soberba, mas de sua compaixão para com o outro. Desta vez, Ged deu um primeiro passo para o mundo inferior que jaz entre a consciência normal e o mundo da sombra; mas ele ainda não está preparado e quase perece. Felizmente, poucos embates com a sombra têm de ser tão dramáticos.*

Ao recobrar a consciência, ele compreende que é um perigo para os aldeões enquanto permanecer na sua companhia; no entanto, não pode partir deixando-os abandonados à ameaça dos dragões. Assim, ele resolve que deve enfrentar os dragões. Se sobreviver, hipótese em que não acredita, partirá. Pelo menos, se ele morrer, não será devido à sombra.

*Até agora, a vida de Ged no período posterior à liberação da sombra não teve sentido. Ele esteve apenas matando o tempo à espera de um embate que poderia vir a qualquer momento ou nunca. Agora, pela primeira vez, está envolvido conscientemente com uma busca; está tentando alcançar um objetivo muito maior do que ele mesmo e do que sua sobrevivência pessoal. Esse é o primeiro grande salto da fé que todos temos de dar: o reconhecimento de que há algo mais importante do que nossos objetivos triviais.*

Ged vai para a ilha onde vivem os dragões. Atacado, ele dá cabo de cinco pequenos — se é que se pode falar em "pequeno" quando se trata de dragões. Então, ele depara com o grande dragão, a mãe de todos os outros dragões da ilha. Dragões são sábios, mas pensam e falam de modo estranho aos homens, de sorte que Ged tem de aprender a interpretar o sentido por trás das palavras deles. O grande dragão acha que Ged veio para roubar um tesouro, mas Ged insiste que só quer segurança para os habitantes do povoado. O dragão revela que conhece a sombra que persegue Ged e talvez possa dar a ele o verdadeiro nome dela. Isso o perturba, já que não parecia possível que a sombra tivesse um nome. Quando ele resiste até mesmo a essa tentação, o dragão conclui que está cansado de negociar e que vai simplesmente acabar com Ged; mas ele foi sagaz o bastante durante a discussão, a ponto de inferir o nome do dragão. Com esse nome e com sua magia, ele adquire poder sobre o dragão, que é forçado a garantir que nenhum dos dragões jamais fará mal aos aldeões outra vez.

> *Isso assinala o estágio em que enfrentamos com sucesso grandes provações e saímos vitoriosos rumo a um nível mais profundo de conhecimento, que parece inumano e amoral. Uma das tarefas mais difíceis no confronto com a sombra em nós é que os valores morais bons, claros e positivos com que temos vivido por tanto tempo se mostram inadequados para lidar com as dificuldades que encontramos. Em seu lugar, deparamos com um nível mais profundo de conhecimento e moralidade que não se encaixa bem nas categorias humanas.*

Agora, Ged pode deixar os habitantes da aldeia em segurança e seguir seu caminho solitário. Passa por mais aventuras, e cada uma aumenta o seu poder. Cada aventura também acarreta mais um embate com a sombra, o que lhe aumenta o medo. Por fim, chega uma época em que ele compreende que não pode mais continuar a ser a caça, mas deve tornar-se o caçador. Em vez de fugir da sombra, ele volta e tenta procurá-la. Conquanto não tenha nenhum conhecimento de onde ela possa estar, algo nele indica o caminho. Cada vez que ele se aproxima da figura sombria agora, é a sombra que foge, limitada a pôr armadilhas para Ged em seu caminho; mas ele continua a perseguir a sombra além dos confins da terra, por mares nunca dantes navegados.

*Enquanto fugimos da sombra, negando-lhe qualquer relacionamento conosco, não temos nenhuma oportunidade de descobrir os tesouros que ela tem para nos dar. Felizmente, ler este livro ajudará os leitores a dar meia-volta e enfrentar sua própria sombra sem ter de seguir um caminho tão tortuoso quanto o de Ged; porém, independentemente de quando e de como deparamos com a sombra, ela sempre estará "além dos confins da terra", em "mares nunca dantes navegados". Eis por que o problema da sombra requer uma solução única de cada um de nós.*

Finalmente, há um momento em que não existe mais nenhum lugar para fugir e é chegada a hora do confronto. A sombra assume muitas formas à medida que tenta submeter Ged ou esquivar-se dele, mas Ged continua firme, empunhando um cajado luminoso de mago. O momento final chega quando ele pronuncia o nome da sombra, e o nome é Ged!

O mago estendeu as mãos, soltando o cajado, e apoderou-se de sua sombra, do eu sombrio que estendeu os braços para ele. Luz e treva se encontraram, se uniram e se tornaram uma coisa só.[7]

Depois de fazer isso, Ged sentiu-se íntegro e bem outra vez e começou sua verdadeira jornada, que faria dele o maior de todos os magos.

*Todas as maravilhas e mistérios da sombra são por fim revelados. Quando compreendemos que somos a sombra, e que ela é parte de nós, desenvolvemo-nos de modo surpreendente. Há uma bela passagem na Bíblia que corresponde a essa revelação: "Quando criança, eu falava como criança, entendia as coisas como criança, pensava como uma delas: mas quando me tornei homem, deixei de lado coisas infantis."*[8]

Este livro versa sobre a sombra presente em cada um de nós, e sobre por que, a exemplo de Ged, temos de nos unir à nossa sombra para nos tornarmos pessoas completas. Em nosso estudo da sombra, nos valeremos em grande parte da obra de C. G. Jung, o famoso adepto da psicologia profunda, mas o leitor não precisa ter medo de que nossa abordagem seja demasiado técnica. Estamos falando de coisas que concernem a cada um de nós. Se por vezes tivermos de usar um termo da psicanálise, esteja o leitor seguro de que o explicaremos de modo simples e mostraremos qual o sentido dele em nossa vida. Ao longo do caminho, entenderemos cada parte não apenas da história de Ged, mas também de muitas outras histórias envolvendo nossa sombra: histórias de pessoas reais, extraídas da Bíblia, de contos de fada e lendas, ou da ficção moderna. Não importa que forma os protagonistas possam assumir, todos são, em última análise, heróis, porquanto não há maneira de enfrentar a sombra sem se tornar um herói.

Figura 4

*O único meio de descobrir uma nova personalidade oculta em nós é conservar a tensão dos opostos o tempo necessário para que algo novo venha à tona, algo que não é nem a nossa posição atual nem a posição da sombra.*

# 1

# O chamado de dentro: por que a sombra aparece

*Nas mãos de Pandora foi posta pelos imortais uma caixa ou vaso que ela não deveria abrir. Presa de grande curiosidade em saber o que esse vaso continha, certa feita ela levantou a tampa e olhou dentro da caixa. Em seguida, de lá escaparam um sem-número de pragas para o homem desafortunado — a gota, o reumatismo e as cólicas para o corpo; a inveja, o desprezo e a vingança para a mente — e essas pragas se espalharam por toda parte. Pandora apressou-se a recolocar a tampa no lugar; contudo, uma coisa ainda permanecia na caixa, e essa coisa era a* esperança.

— Charles Mills Gayley[1]

O começo da nossa vida consuma-se na tentativa de descobrir quem somos com respeito ao mundo exterior a nós. Enquanto ainda somos crianças, o mundo pode ser um lugar muito assustador. Para nós, é mais importante estar seguros do que sermos únicos, e somos felizes por ter uma família que nos protege. Quando iniciamos a idade adulta, o mundo ainda pode parecer assustador, mas também pode ser muito atraente. Deixamos nossos pais para trás, aceitamos alguns riscos e, ao aceitar esses riscos, começamos a descobrir quem somos. Podemos então deparar alguns obstáculos, mas aos poucos nos tornamos mais seguros de nós mesmos, mais confiantes de quem somos e do lugar para onde estamos indo.

Só então — quando estamos no topo do mundo, extremamente bem-sucedidos — a sombra aparece! Sempre faz isso quando é menos esperada. Sempre que começamos a pensar que somos muito especiais, que a vida vai melhorar cada vez mais, a sombra despedaça a nossa complacência.

Isso se dá devido ao fato de a definição de quem somos unicamente em termos do mundo exterior gerar a imagem de uma pessoa superficial, quase bidimensional, com uma face que apresentamos ao mundo, mas sem profundidade por trás dela. Pense-se na imagem dessas bonecas de papel de parede — para onde quer que nos voltemos deparamos o mesmo rosto olhando o mundo. Quando olhamos para o espelho, esse ainda é basicamente o rosto que vemos; embora mentalmente possamos embelezá-lo um pouco, para não ter de ver as imperfeições que os outros vêem. Ninguém, nem mesmo você, enxerga o rosto oculto no outro lado.

Antes que a sombra apareça, é provável que pensemos no nosso eu quase exclusivamente em termos da função de nosso trabalho — como arquitetos, psicólogos, secretários ou políticos — e do papel que desempenhamos na família — como mães, pais, maridos e esposas. O problema com essas definições de nós mesmos é que, de vez que elas não são formuladas por nós, mas pelo nosso lugar no mundo, elas se adaptam a qualquer um. Chamar o nosso eu de arquiteto não nos informa muito sobre quem de fato somos. Talvez pensemos no nosso eu como um bom arquiteto ou um arquiteto criativo, mas nada há nisso que seja exclusivo da nossa própria individualidade. Isso é verdade até mesmo em termos do papel que desempenhamos na família. "Mãe", por exemplo, é um papel tão abrangente, que resta pouco espaço importante para o indivíduo. Pelo fato de nossa vida transcorrer na execução de um ou outro desses papéis, esquecemo-nos de que somos mais do que essas definições impostas a nós de fora.

Algo no fundo de nós tem consciência de que possuímos uma identidade única, e ela não é o rosto que apresentamos ao mundo, tampouco a imagem que fingimos ver no espelho. Em vez disso, essa identidade única é uma obra em andamento, uma meta que estamos tentando atingir, um destino de que nos aproximamos ou de que nos distanciamos à proporção que crescemos e nos desenvolvemos. No correr do nosso desenvolvimento, aprendemos de que modo estabelecer metas conscientes a que nos podemos apegar diante de nossos olhos — como uma cenoura diante de um burro; porém, quando é chegado o momento de realizar objetivos inconscientes, mal sabemos por onde começar. Temos de lembrar que "o caráter, como uma fotografia, se revela no escuro".[2] Entretanto, de que modo nós podemos seguir nosso destino quando ignoramos o que ele é, quando ele se acha oculto na escuridão?

Seria apropriado que fôssemos sensatos o bastante para dizer ao nosso eu: "Fui até onde posso ir no que concerne ao mundo exterior, agora é o momento de olhar para dentro de mim mesmo e ver quem eu sou realmente"; mas ninguém é sensato o suficiente para fazer isso — ninguém; apesar de tudo, trabalhamos muito tempo e arduamente para formular uma definição do eu que seja cômoda, uma definição com que os que nos cercam estão à vontade, e que, por sua vez, nos deixa à vontade. Pareceria estúpido tentar uma nova definição de nós mesmos bem no momento em que temos consciência de quem somos. Assim, em vez disso, temos de ser arrastados à força à mudança, esperneando e berrando por todo o caminho.

## O inconsciente: o que está oculto por trás da porta dos fundos da nossa personalidade

*A consciência é como uma película ou uma pele sobre uma vasta área inconsciente de extensão desconhecida. Ignoramos o quanto o inconsciente rege porque nada sabemos dele. Não podemos falar nada sobre uma coisa da qual nada sabemos.*

— C. G. Jung[3]

Primeiramente, o esboço de um plano de fundo do território onde vive a sombra. Para a maioria de nós, durante a primeira metade de nossa vida, o mundo que nos cerca parece tão grande, que não podemos imaginar se algum dia encontraremos nosso lugar nele. Vemo-nos tão ocupados com esse processo, que nunca nos ocorre que poderia haver um mundo ainda maior dentro de nós, mas ele existe. Em todo este livro, usarei a palavra *inconsciente* com referência a esse mundo interior, mas essa palavra só é usada para indicar que há um mundo do qual não estamos conscientes. O leitor já pode ter ouvido falar dele como *subconsciente*. O prefixo *sub* indica que esse nível da consciência parece estar abaixo ou por trás de nossa consciência comum; de modo nenhum o prefixo *sub* deveria ser considerado com o sentido de que o subconsciente é inferior à consciência normal. Alguns se inclinam a dividir o inconsciente num subconsciente e num *superconsciente*, ressaltando que o inconsciente traz em si elementos mais primitivos do que a consciência normal e elementos mais desenvolvidos do que essa consciência normal. Embora esse ponto de vista em parte seja verdadeiro, é melhor que não dividamos o inconsciente dessa forma; com muita freqüência, percebemos que o aparentemente primitivo e que o aparentemente divino se encontram inextricavelmente ligados no inconsciente. É a nossa atitude consciente que os divide em categorias; no inconsciente, eles se acham fundidos.

Outro modo de partir ao meio o inconsciente é dividi-lo num *inconsciente pessoal* e num *inconsciente coletivo*. O primeiro traz em si lembranças que amealhamos em nossa vida pessoal, que nunca se tornaram conscientes ou que algum dia foram conscientes e agora retrocederam sob a percepção consciente. Na vida, não achamos que haja um limite real definido entre a consciência e o inconsciente pessoal; as lembranças, os sentimentos e os pensamentos se deslocam vagamente entre ambos.[4] O inconsciente coletivo parece trazer em si toda a história não apenas da nossa espécie, mas de toda a vida. Ele é tão grande, que nele o inconsciente pessoal é apenas um grão minúsculo, como um único planeta comparado ao universo; porém, evidentemente, o inconsciente coletivo está mais distante da consciência normal, e só com esforço aflora na consciência.

O inconsciente coletivo não é tão misterioso quanto parece. Todas as espécies se desenvolveram a partir de estágios iniciais durante muito tempo, e todas trazem em si os remanescentes dessa evolução, tanto na sua estrutura física como na sua conformação neurológica. A natureza não põe fora nada que seja útil. Quando examinamos o fundo dos oceanos, descobrimos criaturas um tanto diferentes de seus ancestrais de centenas de milhões de anos atrás; e. g., algumas que são pouco mais do que tubos flutuantes que absorvem toda comida que passe através deles em suas viagens sem fim. Então, quando examinamos os animais que vivem debaixo da terra (inclusive seres humanos) descobrimos canais alimentares quase idênticos em estrutura à desses animais primitivos. A natureza encontrou algo útil e criou uma estrutura mais ampla em torno disso.

De modo semelhante, na estrutura do cérebro humano, podemos encontrar uma variedade de cérebros sobrepostos uns aos outros, cada qual surgindo num período posterior de tempo, cada qual às voltas com necessidades sempre mais específicas e complexas. Até bem recentemente, era comum pensar no cérebro humano como uma *tabula rasa* (estado de vazio total)na qual nossas experiências sensoriais foram registradas. Nada poderia estar tão distante da verdade. Em vez disso, nascemos com uma grande quantidade de conhecimento instintivo formado na própria estrutura do cérebro. Ou, talvez mais precisamente, de vários "cérebros". Uma parte desse conhecimento armazenado é bastante geral, outra parte é surpreendentemente específica.

Por exemplo, a necessidade de defesa é tão importante que, em muitas espécies, a prole nasce sabendo instintivamente como reconhecer seus inimigos. O famoso naturalista Konrad Lorenz ganhou o Prêmio Nobel pela sua observação do comportamento animal, que mostrou o caminho para o novo campo da etologia. Ele disse que

> *muitos pássaros, como as pegas, os patos selvagens ou os papos-roxos, se dispõem a voar na primeira vez em que virem um gato, uma raposa*

*ou até um esquilo. Eles se comportam da mesma forma, quer ensinados pelo homem ou por seus pais.*[5]

Em outras espécies, como as gralhas, a evolução quis que os pais transmitissem aos filhos o reconhecimento dos inimigos. Nesse caso, o conhecimento não é inato, mas sim a necessidade que os pais têm de transmitir o conhecimento, ou seja, a natureza predispõe até os animais inferiores a um legado cultural. Embora pensemos nos seres humanos em grande parte aprendendo apenas por meio de um legado cultural semelhante, a exemplo de todos os outros animais, temos um grande reservatório de conhecimento instintivo. Jung chama esses modelos armazenados de *arquétipos* (da palavra grega que designa protótipo). Jung preferiu usar arquétipo, em vez de instinto, para enfatizar que o mesmo padrão armazenado poderia se apresentar ou por meio do comportamento instintivo ou por meio de imagens. Quanto mais simples a criatura, mais importante o instinto; quanto mais complexa, mais é necessário que o padrão se converta numa imagem capaz de ser processada pela mente.[6]

E realmente o inconsciente não deveria ser considerado um lugar. Não tiramos lembranças de algum armazém, onde foram cuidadosamente guardadas e rotuladas. Quando nos lembramos de algo, na verdade estamos reconstruindo uma lembrança, no processo acarretando outras memórias relacionadas em nossa vida. Quando percebemos algo pela primeira vez, estamos também acarretando lembranças relacionadas com esse algo, de sorte que, quando pensamos que estamos vendo e ouvindo algo diretamente, estamos de fato construindo essa visão e esse som, em grande parte como fazemos quando trazemos uma lembrança à mente.[7] Essa construção, é claro, não está sob o controle da nossa consciência, já que está em curso todo o tempo, na vigília ou no sono, sem nenhum esforço nem consciência de nossa parte.

O inconsciente pode parecer a princípio um conceito estranho. Pense no inconsciente como o seu ser completo, tanto o corpo como a mente. O primeiro é capaz de continuar organizando virtualmente todas as suas funções necessárias sem necessidade de intervenção consciente. Com efeito, a consciência pode interferir; ao leitor basta apenas que atente para a sua respiração. Ele pode descobrir que ela se torna muito irregular quando a consciência interfere nesse processo normalmente inconsciente. Aos poucos, a consciência se ocupará de outras questões, e a pessoa perceberá que sua respiração voltou ao normal.

Além disso, uma série de ações que nos são características um dia foram conscientes, e depois se tornaram hábitos que não precisaram mais de ação consciente. De novo, se voltarmos nossa consciência para esses hábitos, descobriremos que ela só faz interferir. Como exemplo do que digo, tente o leitor conscientizar-se de tudo que faz quando se deita para dormir. Infelizmente, isso pode levar a uma noite em claro (ou pelo menos, será muito mais custoso conseguir dormir). Ou então, que o leitor preste atenção à sua rotina matinal. Uma vez mais, ele descobrirá que a consciência interfere.

Como um exemplo para abordar mais precisamente a sombra, pense numa época em que de repente você se descobriu se comportando de maneira imprópria, talvez irrompendo em cólera, num gesto totalmente desproporcional à gravidade da situação. Nesses momentos, o primeiro pensamento que lhe ocorre é “de onde é que isso veio?”; bem, veio do inconsciente. Ou pense nos lapsos da fala, popularizados por Freud a tal ponto que são chamados comumente de “lapsos freudianos”; esses lapsos tendem a revelar sentimentos verdadeiros logo abaixo da superfície da consciência.

## *Uma gangorra psíquica: a sombra como equilíbrio*

*A mente consciente está no ápice, a sombra embaixo, e assim como o que está no alto sempre anseia pelo que está embaixo e o calor pelo frio, toda forma de consciência, talvez sem se dar conta disso, procura seu oposto inconsciente, sem o qual está condenada à estagnação, à congestão e à ossificação. A vida só nasce da centelha dos opostos.*

— C. G. Jung[8]

Exteriormente, podemos ser pessoas limitadas com uma identidade também limitada; por dentro, trazemos o universo. E trata-se de um universo organizado e consentido. Ele parece conter um modelo para o nosso destino na vida, um modelo tão pormenorizado que traz a imagem de quem deveríamos ser em dado instante da nossa vida e de quem podemos nos tornar, um modelo capaz de adaptar-se a ambientes muito diferentes nos quais nascemos, crescemos e nos desenvolvemos. Quando a pessoa que somos se torna muito diferente desse modelo, a sombra vem à tona!

Como uma primeira abordagem, pense na sombra como uma reação equivalente e oposta ao rosto que apresentamos ao mundo. Se formos sociáveis e amigos, a sombra será introvertida e retraída, e vice-versa. Se gostarmos de resolver problemas reunindo primeiro os detalhes e examinando-os separadamente, a sombra, em vez disso, preferirá ignorar os pormenores e considerar o quadro de um modo geral. Se preferirmos lidar com problemas de modo objetivo, ignorando problemas humanos insignificantes, a sombra concentrar-se-á no tom emocional que está por trás de um problema e ignorará os fatos supostamente objetivos.

Na medida em que somos capazes de integrar ambos os lados das dicotomias supracitadas no nosso comportamento, a sombra pouco difere da nossa personalidade consciente. Até aqui, isso parece quase um processo mecânico, em grande parte como um termostato; mas é muito mais do que isso, de vez que parece dar a razão desse modelo interior de quem procuramos ser. Enquanto a sombra fornece a compensação pelo que falta na nossa personalidade exterior, ela assim o faz nas dimensões que envolvem o tipo de pessoa que intentamos ser. Durante a primeira metade da nossa vida, enquanto todos nós estamos nos desenvolvendo de um modo particular, comumente não somos importunados pela sombra no instante em que ela aparece para nos dizer que nos extraviamos. Só depois que logramos uma definição de nós mesmos bem-sucedida no mundo é que a sombra aparece para exigir a completude. E ela não assume uma posição equivalente e oposta à nossa personalidade interior; ela assume uma atitude de equilíbrio em torno de um centro que retrata a pessoa que queremos ser.

Tudo isso é muito misterioso. Parece melhor aceitar que trazemos em nós o caminho para um poder superior que exige que demos o melhor de nós mesmos para chegar ao nosso único objetivo. O modo como interpretamos esse poder superior não se afigura importante. O que importa é que temos uma ponte para algo que transcende o humano em nós. E, posto que cada destino seja único, em todos os casos, o inconsciente nos impele rumo à completude. Não à perfeição — à completude.

## *Virtudes e vícios: algo bom demais pode ser perigoso*

> *Temos de começar dominando nossas virtudes, com o medo justificável de cairmos no vício, por outro lado. Esse medo certamente existe, pois a maior das virtudes sempre é compensada interiormente por uma acentuada tendência ao vício, e quantos caracteres presas do vício entesouram em si mesmos virtudes por demais doces e certa megalomania moral!*
>
> — C. G. Jung[9]

Pareceria que nos empenharmos para progredir nunca poderia ser algo senão bom, mas a vida não é tão simples. Quanto mais procuramos a luz, mais trevas se formam num tipo de compensação, numa tentativa de nos tornar pessoas completas. O surgimento da sombra de muitas formas é um sinal de que a imagem que temos da realidade tornou-se notadamente simplificada, por demais "preto no branco", e precisa de mais tons cinzentos. Toda virtude desenvolvida às últimas conseqüências pode vir a ser um vício, e todo vício, se alimentado por muito tempo, pode levar à virtude. Na expressão radical de William Blake: "A estrada do excesso leva ao palácio da sabedoria."[10] Por isso, nossa travessia das trevas por vezes não se dá em função de nossas virtudes, mas de nossos vícios.

Semelhante modo de liberar a sombra é por meio da arrogância, como na história de Ged de Ursula Le Guin. O leitor se lembrará de que, quando Ged ousou demonstrar seus poderes ocultos em vez de admitir que não estava pronto, ele seguiu em frente e fingiu que tinha uma perícia além de seu alcance. Esse ato liberou a sombra, em grande parte como a curiosidade insaciável de Pandora a levou a espalhar o sofrimento e a infelicidade no mundo ao abrir sua famosa caixa. A exemplo da caixa de Pandora, uma vez liberada, não há como pôr as trevas de novo na caixa. Não importa se as liberamos por meio da curiosidade, da arrogância, da vaidade, do ciúme, da avareza ou de outra qualidade, positiva ou negativa. Quando a escuridão está solta, não há como trancafiá-la de novo; mas também temos de nos lembrar de que algo ainda permaneceu no fundo da caixa de Pandora depois que o mal foi liberado no mundo: a esperança! Independentemente do quanto a entrada da sombra na nossa vida possa ser terrível, ela é, em última análise, um passo positivo rumo a possibilidades futuras ampliadas; nunca devemos nos desesperar.

Como exemplo disso, permita-me contar-lhe de que modo meu embate com a sombra começou. Na metade da casa dos trinta, eu estava casado e feliz, era vice-presidente de uma firma importante, um homem "subindo" na vida. Eu era presunçoso e estava satisfeito comigo mesmo, convencido de que minha vida passaria de triunfo em triunfo. A imagem que eu tinha de mim mesmo era a de um homem renascentista, capaz de conseguir êxito no mundo dos negócios voltado para os "resultados", capaz de resolver problemas intelectuais complexos apresentados pelos processadores de dados, e ainda uma pessoa de gosto e refinamento, que gostava de livros, de música e de arte. Eu de fato pensava que era algo. A *hubris* veio pouco antes da queda.

Minha filosofia, tal como era, poderia ser sintetizada numa única frase (como gostei de fazer durante uma década): EXISTEM valores relativos! Isso me parecia algo muito profundo. Por essa afirmação eu não entendia só que todos os valores são relativos, que não existe nada absoluto; também entendia que os valores relativos, os valores humanos, têm um significado. Eles importam! Não era uma filosofia ruim para um jovem de vinte e poucos anos, época em que a desenvolvi, mas dificilmente bastava para os dilemas morais que eu deveria deparar no meio da casa dos trinta.

No auge da minha *hubris*, meu melhor amigo foi demitido; para mim, injustamente. Coisa corriqueira, no curso normal dos negócios; certamente eu próprio demitira muitas pessoas; no entanto, isso foi algo especial, porque envolveu o meu melhor amigo. Eu não poderia conciliar esse fato com o meu ponto de vista de como era a vida: supostamente, ela tinha de ser justa! Não podia conciliar a injustiça da demissão do meu amigo com minhas convicções morais. Ora, quando chegou a minha vez de pôr a minha filosofia em prática ("EXISTEM valores relativos"), descobri que, lamentavelmente, ela era inadequada.

Sem uma base moral, eu tinha a impressão de que toda a minha realidade desmoronava ao redor. Um único acontecimento foi suficiente para destruir minha idéia de identidade conquistada a duras penas. A partir disso, virtualmente todas as coisas que eu mantivera estáveis na minha vida foram tiradas de mim gradativamente. De modo espantoso, essencialmente cada coisa também me era devolvida quando eu me recompunha. A pessoa que me tornei poderia ter sido reconhecida não apenas na pessoa que fui antes de minha longa jornada, mas poderia ter sido vista no jovem que uma vez eu fora. Tenho uma foto de mim mesmo com quatro anos, e todos os traços da personalidade já estão lá. "A criança é o pai do homem", disse Wordsworth sabiamente; mas primeiro veio a longa batalha com minha sombra.[11]

## *Sentimentos inquietantes: a sexualidade libera a sombra*

*O corpo é o amigo mais duvidoso que temos, porque gera coisas de que não gostamos; há coisas demais acerca do corpo que não podem ser mencionadas. Muitas vezes, o corpo é a personificação dessa sombra do ego. Vez por outra, compõe o esqueleto no armário, e todo mundo, é claro, quer se livrar de uma coisa assim.*

— C. G. Jung[12]

Uma das formas mais comuns de liberar a sombra é por meio da sexualidade. Por vezes, no processo de nos definirmos em nossa família e em nossa carreira, deixamos o sexo por último, pondo-o de lado como algo sobre o qual só os jovens devem se preocupar. Antes de a sombra aparecer, às vezes pensamos em nós como pessoas maduras e distantes desses pensamentos, independentemente de nossa idade cronológica. O que de fato dizemos é que as paixões saíram de nossa vida e foram substituídas pelo trabalho e pela rotina. E não necessariamente paixões do tipo sexual apenas.

Então, de repente, vemo-nos perturbados por sentimentos de sexualidade que achamos que havíamos deixado para trás. Esses sentimentos são tão incômodos que é provável que de início os neguemos prontamente. Embora continuemos a negar que sintamos isso, não deixamos de senti-lo; pelo contrário, os sentimentos se acentuam por trás do pano. Amiúde, a sexualidade começa a aflorar em nossos sonhos. Mesmo que não nos lembremos deles, nos surpreendemos acordando agitados, como se houvessem sucedido coisas sobre as quais de fato não gostaríamos de pensar. Por fim, os sonhos abrirão caminho na nossa percepção consciente, ainda que sejamos o tipo de pessoa que pensa que "nunca tem sonhos".

*A propósito disso, todos nós sonhamos: as pesquisas tradicionais sobre o sonho têm demonstrado que, virtualmente, todas as espécies sonham durante as fases do sono marcadas por movimentos rápidos dos olhos — portanto, chamado de sono-REM. Independentemente de nos lembrarmos ou não de nossos sonhos pela manhã, todos nós sonhamos cerca de uma hora e meia no total a cada noite, durante as fases do sono-REM. Há estudos mais recentes que afirmam que talvez sonhemos quase continuamente durante a noite, independentemente de estarmos ou não apresentando os movimentos rápidos dos olhos.*[13]

Podemos nos pegar irritados com pessoas mais livres do que nós em matéria de sexo, e é possível que comecemos a ver toda sorte de características indesejáveis nelas, traços que nada têm que ver com a sexualidade. Essas pessoas simplesmente nos parecem pessoas ruins.

*Há um termo técnico em psicologia para essa tendência quanto a ver nossos desejos inconscientes nos outros; ele é chamado de projeção, e dela nos ocuparemos mais pormenorizadamente no capítulo quatro. De modo simples, se não podemos encarar os desejos ou traços inaceitáveis em nós, projetamo-los nos outros.*

Tem de haver alguma semelhança entre as características que queremos negar e o comportamento da pessoa em questão. Marie-Louise von Franz diz que "Raramente, se é que isso acontece alguma vez, nada do que é projetado está presente no objeto. Portanto, Jung fala de um 'gancho' no objeto em que a pessoa pendura uma projeção como se pendura um casaco num cabide".[14] Mas não é necessário muito para preparar a lista de nossos inimigos num momento desses. Só ver as pessoas paquerando normalmente do modo como homens e mulheres paqueram pode ser o suficiente para "explodirmos". Podemos deixar essas pessoas de lado como sendo idiotas, frívolas, que não compreendem que a vida é coisa séria. A depender de nossos padrões morais, podemos até concluir que essas pessoas são pecadores trilhando o seu caminho para o inferno. O que é preciso compreender é que estamos vendo uma parte oculta da nossa própria personalidade, e não o que de fato está acontecendo. Nossas projeções fornecem um ponto de vista para áreas de nossa personalidade normalmente ocultas de nós. Podemos nos ver chocados com descobrir o que uma pessoa que está de fora, e que vê as coisas objetivamente, faria da mesma situação que nos parece tão repulsiva; porém, evidentemente, nesses momentos, cada um está por demais fora de si para dar ouvidos a alguém que está de fora.

A sombra não está necessariamente tentando fazer com que exerçamos algum efeito sobre esses sentimentos sexuais negados, tão-só está tentando nos levar a reconhecê-los. A energia vital se esforça para se liberar do inconsciente. Pelo fato de nosso corpo ser muito primitivo em sua capacidade de classificar a energia, ela é por vezes sentida como energia sexual, porquanto é uma das poucas formas que todos nós enfrentamos. Lembro de um problema que tive na vesícula biliar e que me fez sofrer tanto que tive de tirá-la. Antes da operação, perguntei ao médico por que eu sentia dor no fundo do estômago, já que a vesícula biliar está localizada longe do estômago. Ele explicou que o interior do corpo é tão primitivo neurologicamente, que virtualmente todas as terminações nervosas se misturam perto do estômago. Isso significa que sentimos a dor como estando localizada no estômago, independentemente de onde ela seja gerada interiormente. De modo semelhante, tendemos a igualar à sexualidade esses sentimentos estranhos e novos que afloram do inconsciente. Uma das lições que a sombra nos pode ensinar é que as coisas não são sempre do modo como temos a experiência delas.

> *Certa vez, tive um paciente — vamos chamá-lo de Barry — que veio ao meu encontro com depressão profunda. Sentia necessidade de se apaixonar na vida, e confundia essa necessidade com desejo de sexo. Ele ainda era jovem, estava no começo dos trinta, mas se sentia preso à mulher, ao filho e ao emprego, o que lhe causava fastio. Assim, ele teve diversos* affairs *de ordem sexual para escapar a essa sensação. Quando começou a fazer terapia, sua mulher partira para ficar com seus parentes, e ele passava por um estágio no trabalho. À medida que trabalhávamos juntos, a primeira coisa que descobrimos foi que ele antes pintara, mas desistira disso como coisa da infância. Ele era sociável e gentil, e, como diversas pessoas, fora levado ao ramo de vendas. Gostava desse trabalho, à proporção que a paixão saía de sua vida em outros aspectos, ele perdia essa também, e não conseguia vender nada. A sombra aflorou para lembrá-lo que não se pode viver do dever; é necessário também paixão.*

Figura 5

*Tendemos a igualar à sexualidade esses sentimentos estranhos e novos que afloram do inconsciente. Uma das lições que a sombra nos pode ensinar é que as coisas não são sempre do modo como temos a experiência delas.*

*Ele ficou chocado com o fato de eu não julgá-lo moralmente, nem de repreendê-lo, mas apenas continuou procurando pelo que o chamava. No decorrer de um período relativamente breve de terapia, ele tentou ansiosamente pintar de novo e reagiu de modo animador a diversos exercícios psicológicos que lhe dei para que os fizesse por si próprio. Ele aceitava quase todas as coisas novas. Como sentisse de novo o gosto por viver, ele descobriu que não necessitava de nada novo em sua vida, a não ser despertar de novo alguma paixão. Ele ainda amava a mulher, o filho, ainda gostava do ramo de vendas, e a pintura passou a ser algo que realmente não era tão fundamental quanto podia ter parecido. No final, ele se foi, um homem totalmente transformado, e no entanto sem que nada na sua vida exterior tivesse mudado, com relação ao período anterior à sua depressão.*

## Enantiodromia: uma personalidade volúvel

*Todo extremo psicológico traz em si secretamente o seu oposto, ou permanece em alguma relação íntima e estreita com ele. De fato, é dessa tensão que ele deriva seu dinamismo peculiar. Não há nenhum costume consagrado que não possa de vez em quando tornar-se o seu oposto, e, quanto mais extremada é a posição, mais facilmente podemos esperar uma enantiodromia, uma conversão de algo no seu oposto.*

— C. G. Jung[15]

Já destacamos de que modo a sombra pode aparecer quando nos tornamos virtuosos demais, ou talvez seja melhor dizer quando temos uma moralidade do tipo "branco no preto". Há um perigo real em qualquer conjunto de crenças que nos pede para rejeitar a escuridão e nos esforçarmos o tempo todo para chegar à luz. Quanto mais dividimos o nosso mundo moral nesses opostos claramente definidos, mais nos vemos totalmente seguros do que é certo e do que é errado, mais o valor oposto se forma no inconsciente. Se tentarmos ser invariavelmente bons para todo mundo, formar-se-á no inconsciente uma figura totalmente egoísta. Se tentarmos sempre dizer a verdade, formar-se-á no inconsciente um trapaceiro que mente acerca de tudo.

Quanto mais negamos essas forças opostas na nossa psique, mais forte se torna a sombra. Se a negação é por demais extremada, em vez de nos envolver com a sombra, mudamos nossa posição moral e nos tornamos o nosso oposto. Há um termo em psicologia que define esse estado — *enantiodromia* — que quer dizer "transformação no seu oposto". Assim como toda moeda tem dois lados, cada pecador traz em si um santo, cada santo, um pecador. Em um dos romances de C. P. Snow, ele nos fala de um homem de negócios bem-sucedido que certa feita desiste de tudo e se torna um mendigo ambulante. Ou veja o caso de Charles Colson. Durante seus anos como consultor jurídico de Nixon na Casa Branca, ele conservou uma placa na parede em que se lia: "Quando você domina as pessoas pelos testículos, domina-as também pelo coração e pelo cérebro." Posteriormente, na prisão para onde foi enviado devido à sua participação no caso Watergate, ele de repente se transformou num cristão renascido que pregava o "amor ao próximo" e a atitude de "dar a outra face". O problema com essas mudanças em termos de moralidade é que nada realmente mudou, a despeito da aparência de que tudo mudou.

Qualquer posição extremada, por sua própria natureza, define igualmente o seu oposto. Nós nos deixamos transformar em nosso oposto porque achamos que é intolerável a tensão de nos envolver com ambos os lados de um dilema moral; contudo, isso é exatamente o que o inconsciente exige. A sombra não aparece para nos afastar de repente de todos os nossos valores; ela aparece para que possamos abrir os olhos à possibilidade de nossos valores comuns serem por demais restritos. A única forma de descobrir a nova personalidade oculta em nós é conservar a tensão dos opostos durante um tempo suficiente para que algo novo aflore, algo que não é nem a nossa posição comum nem a posição da sombra. Se nos recusarmos a alimentar ambos os lados de um dilema moral e, em vez disso, partirmos para um ou outro lado do problema, o inconsciente reagirá. Por fim, haverá de fazer isso com uma enantiodromia. Como diz Jung:

*A tendência para separar os opostos tanto quanto possível e para se esforçar em favor da singularidade do sentido é inteiramente necessária para a lucidez da consciência, de vez que a discriminação é própria da sua essência; mas quando a separação se dá de modo tão amplo, que o oposto complementar se perde de vista, e o negror do branco, o mal que pertence ao bem, a profundidade da altura, e assim por diante, não são mais percebidos, a conseqüência é a postura unilateral, que é, pois, compensada a partir do inconsciente sem a nossa ajuda. O contrapeso ocorre até mesmo contra a nossa vontade, e ele, em conseqüência, deve se tornar cada vez mais radical, até que gere uma enantiodromia catastrófica.*[16]

Anteriormente, mencionamos que antes de a sombra aparecer, somos como uma boneca de papel com um único rosto que apresentamos ao mundo. A sombra é o que se forma no lado oposto. Uma enantiodromia ocorre quando a boneca de papel se vira, de modo que o lado da sombra se torna o lado frontal, ao passo que o lado que antes era o da frente fica na sombra; mas, se nos envolvermos com a sombra para tentar descobrir quem ela é e o que quer de nós, posteriormente a boneca toma volume e se torna uma pessoa tridimensional. Eis por que a sombra parece começar; chegamos a um ponto em nossa vida em que precisamos de mais dimensões para a nossa personalidade.

## Vampiros, lobisomens e alienígenas: antigos sonhos da sombra

*Atos danosos e violentos em alguns sonhos são mais uma parte de sua estrutura do que conteúdo. Por muito que tenham de pastelão e comédia de pancadaria, são, na verdade, o cadinho em que algo terno e sutil está nascendo.*

— Richard Grossinger[17]

Deveríamos tentar lembrar nossos sonhos nos momentos em que eles nos dão uma introvisão do que sucede por trás do cenário na nossa mente inconsciente. Nos estágios iniciais do envolvimento com a sombra, figuras ambíguas porém negativas aparecem em nossos sonhos. Vampiros e lobisomens são comuns, já que são criaturas noturnas meio humanas. Nesse estágio, estamos tão envolvidos com o nosso modo de ser, que alguém que represente valores que negamos tem de ser visto como algo menos do que humano; porém, é preciso lembrar que, durante a noite, vampiros e lobisomens têm poderes sobre-humanos e só podem ser destruídos com grande dificuldade. De modo semelhante, esses pensamentos e sentimentos indesejados que estão tentando aflorar são muito poderosos, e teremos dificuldades cada vez maiores para nos opormos a eles.

Um exemplo perfeito tirado da literatura sobre como a sombra aparece nesse estágio inicial é a criação de J. R. R. Tolkien, Gollum, que aparece tanto em *The Hobbit*[18] como em *The Lord of the Rings*.[19] Gollum degenerou-se tanto com o correr do tempo em função de sua

**Figura 6**

*Vampiros e lobisomens são comuns, já que são criaturas meio-humanas vindas das trevas.*

cobiça e de seu desejo insaciável de posse quanto a um anel mágico capaz de conferir-lhe poder e invisibilidade, que veio a ser uma criatura repulsiva e asquerosa, tão irreconhecível quanto o Hobbit do início. Em *The Hobbit*, o herói, Bilbo Baggins, engana Gollum e foge com o anel mágico, que conserva por vários anos. De modo semelhante, é possível mentir à sombra, enganá-la e fugir dela por algum tempo; não para sempre. Frodo, o herói de *The Lord of the Rings*, exemplifica o modo apropriado de lidar com a sombra. Quando pela primeira vez depara com Gollum, ele o acha tão repulsivo quanto os demais; todavia, em vez de ludibriá-lo, a exemplo de Bilbo, ou de matá-lo, como Samwise, escravo de Frodo, sugere, Frodo trata-o com firmeza mas de modo justo. Embora Gollum tente o tempo todo sobrepujar ou enganar Frodo a fim de recuperar o anel mágico, não tem êxito. Pela compaixão e integridade de Frodo, Gollum serve de guia através das terras sombrias de Mordor. Sem Gollum, Frodo teria se perdido irremediavelmente.

Em nossa era espacial, os alienígenas vindos do espaço exterior são outra forma comum que a sombra assume quando aparece pela primeira vez. O espaço exterior está separado de nossa vida consciente e terrena, de modo muito semelhante à escuridão em que florescem vampiros e lobisomens. E esses alienígenas são repulsivos e não-humanos, não são criaturas belas que percorreram bilhões de milhas só para nos ajudar. É fascinante como recentemente os alienígenas benéficos das histórias originais de OVNIs, popularizados em filmes como *Contatos Imediatos de Terceiro Grau*, foram substituídos por alienígenas horrendos que fazem coisas terríveis àqueles a quem raptam. Parece provável que essa mudança revele que os sentimentos da sombra estão vindo à tona amplamente na população, expressando-se por meio desses encontros negativos com alienígenas. Eis aqui um exemplo de um sonho com a sombra na forma de um alienígena:

*Uma nave espacial em pouco deixará este planeta. Um herói com o amigo dele descobrem que um dos homens do grupo é de fato um alienígena, que, segundo pensam, planeja dar cabo deles, ou pelo me-*

*nos incapacitá-los de alguma forma. Assim, eles o atraem para fora da nave e se esgueiram de volta para ela. Depois disso, partem com a nave, enquanto o alienígena fica no planeta.*

Aqui, a pessoa que sonha está usando em grande parte a mesma tática de Bilbo com respeito a Gollum, admitindo que pode escapar sorrateiramente da sombra e deixá-la para trás; mas esse método não funcionará a longo prazo no que concerne à sombra.

Eis outro exemplo de alienígenas. Nesse caso, surpreende que a sombra, representada pelos alienígenas, seja apresentada claramente portando uma luz — i.e., introvisão — a qual a pessoa que sonha não pode mais evitar. As coisas sempre são assim — das sombras aflora a nova luz:

*No sonho, quem sonha está sendo perseguido por alienígenas. Essa pessoa corre para um píer perto de sua casa, mas os alienígenas mergulham no mar atrás dele. Estavam nadando em torno do píer. Depois, assomaram ao céu. Ele tentou esconder-se entre as pedras grandes que constituíam o píer, porém, eles o capturaram com a luz de um holofote brilhante. O sujeito ouviu uma voz ecoar-lhe dentro do espírito: "Você não pode escapar à luz."*

*A pessoa que estava sonhando acordou em pânico e viu a lua cheia inundando-lhe o quarto, brilhando em seus olhos, e sua cobrinha de estimação encarando-a do peitoril da janela onde estava, depois de ter escapulido de seu cativeiro.*[20]

Se resistirmos o bastante ao apelo do inconsciente, nossos sonhos poderão até mesmo se desviar da humanidade parcial dessas figuras e gerar criaturas repulsivas não-humanas; sobretudo aranhas e percevejos de toda sorte. Por exemplo, certa vez, quando eu começava pela primeira vez a escrever e a falar mais, tive o seguinte sonho com a sombra:

*Um locutor de rádio está sentado diante de uma mesa, como uma grande mesa de cozinha, na forma de recurso publicitário para chamar a atenção. Ele tem no seu* show *o maior inseto do mundo. A coisa parecia um misto de animal e de inseto. Estava na mesa, na frente do locutor, porém, se se postasse de pé, teria 1,92m de altura. Tinha um corpo grande como um besouro, mas de fato não se parecia com nenhum inseto conhecido. Era mais estranho. Por isso, não era tão repulsivo quanto um inseto de verdade daquele tamanho. Tinha o aspecto de uma criatura sobrenatural. A certa altura, o inseto deve ter-se tornado agitado, porque saiu da mesa e se afastou. O locutor não pôde fazer nada porque estava no ar. Eu estava na mesma sala, próximo*

Figura 7

*Se resistirmos o suficiente ao apelo do inconsciente, nossos sonhos poderão até mesmo se desviar da humanidade parcial dessas figuras e gerar criaturas repulsivas e não-humanas: sobretudo, aranhas e percevejos de toda sorte.*

*dele, tentando tirar uma soneca. Observei o inseto se mover e percebi que a porta para o corredor estava aberta. Pensei em me levantar para fechá-la, mas resolvi "mandar tudo às favas".*

Nesse sonho, a sombra assume a forma de um inseto enorme e repulsivo. O "locutor" representava a parte da personalidade que começava a "transmitir" minhas idéias ao vasto mundo por meio da palavra escrita e da fala. Observe o leitor que o locutor pensou que pudesse examinar com segurança as características da sombra, mas, em vez disso, descobriu que ela é independente e se afasta da mesa. Nesse momento, até mesmo minha personalidade consciente percebe isso, mas essa personalidade não está envolvida o bastante para lidar com o problema. Assim, permite-se à sombra que saia mundo afora por si mesma. Como você pode imaginar, vim a descobrir que não poderia apenas tirar elementos da sombra para a "transmissão" sem me envolver profundamente com ela.

Os animais aparecem menos comumente como figuras da sombra, já que tendem a apresentar outras associações no inconsciente, mas vez ou outra aparecem se trazemos em nós alguma associação notadamente ruim com determinado animal; e. g., um rato ou um cão feroz. (Nos capítulos seguintes, falaremos mais sobre como a sombra aparece em nossos sonhos.) A regra geral é que à proporção que começamos a nos desenvolver conscientemente com a sombra, ela se desenvolve em nossos sonhos, a pouco e pouco progredindo de criaturas repulsivas e semi-humanas para formas cada vez mais humanas e positivas. O analista junguiano Julius C. Travis analisou esse desenvolvimento em seu ensaio "A Hierarquia dos Símbolos", onde contou a história de um paciente que chamou de "Senhor Baker":

*Ele veio buscar ajuda porque estava tendo o mesmo sonho repetitivo de quatro a seis vezes por noite: o de que uma fera desconhecida estava pondo abaixo a porta do seu quarto. Ele acordava bruscamente, suando de medo, com o som de madeira sendo estraçalhada e de um arfar e uma batida agitada no seu ouvido.*[21]

Aqui temos a sombra como uma fera verdadeiramente "pondo abaixo a porta do seu quarto". E o mesmo sonho ocorre "quatro ou cinco vezes por noite"! De modo claro, o inconsciente logrará seu objetivo independentemente de o senhor Baker querer ou não reconhecê-lo. Felizmente, à proporção que ele começou a se envolver com o inconsciente na terapia, aos poucos as imagens se desenvolveram de fera para representações menos ameaçadoras, tais como animais ou pessoas a quem ele conhecia. Esse desenvolvimento indicou que ele começara a lidar com problemas apresentados pela sombra.

Eis aqui um exemplo de uma outra pessoa cujo desenvolvimento da sombra deu-se ligeiramente. A sombra ainda é ameaçadora, mas o homem aprendeu a lidar com ela — pelo menos de maneira indireta:

> *Um homem foi encurralado por um cachorro enorme e teve de pular para o teto do carro. O cachorro não era feroz; ele só não conhecia o homem. Este ficou preso no teto do carro apenas alguns minutos, até que o dono do cão veio e o pegou. Os dois homens riram e fizeram troça da situação.*

Aqui está claro que as características da sombra representada pelo cão não são de fato perigosas; o cão e o homem só precisam vir a se conhecer melhor, um conselho saudável para qualquer envolvimento com a sombra.

Um sonho famoso para concluir, sonho que exemplifica o que pode acontecer quando se ignora a sombra, talvez fosse apropriado. O Livro de Daniel na Bíblia nos conta como Daniel foi capaz de interpretar os diversos sonhos misteriosos do rei Nabucodonosor da Babilônia. Cada um era um sonho que advertia quanto às conseqüências da arrogância do rei. Essa é a parte final do sonho do rei:

> *Havia uma árvore magnífica que estendia os ramos para o céu, e que fornecia alimento e abrigo tanto aos animais que viviam à sua sombra como aos pássaros que nela habitavam. Certo dia, um sentinela e um santo desceram do céu e ordenaram que as aves e animais deixassem a*

*árvore, e que ela fosse abatida e destruída, deixando apenas o cepo no chão. "Que tenha seu quinhão de erva com os animais terrestres, até que sete tempos passem sobre ele."*

Daniel estava perturbado, mas disse ao rei que a árvore representava esse mesmo rei, que, no máximo, fornecia alimento e abrigo ao seu povo; contudo, a menos que mudasse seus modos arrogantes e fosse mais compassivo com essas pessoas, seria abatido e se tornaria um animal. O rei preferiu ignorar esse conselho, e tudo o que Daniel vaticinou veio a ocorrer. Depois de sofrer essa indignidade, ele por fim compreendeu que Daniel poderia estar certo, arrependeu-se e recuperou sua glória. Um exemplo perfeito de que, se negamos a existência desse animal em nós, nos tornamos esse animal.

*Figura 8*

*A princesa concordou com entusiasmo, pensando secretamente em como o sapo era tolo por achar que podia ser amigo de qualquer pessoa, ainda mais amigo de uma princesa.*

# 2

# A sombra sabe: possibilidades ocultas na sombra

*Enquanto uma pessoa não funcionar a partir da substância, enquanto nem o homem nem a mulher demonstrarem peso material, mas existirem como um tipo de entidade inconsistente, delicada, transparente e indefinida, não haverá nenhuma sombra. E esta é o que se liga a tudo o que é mau e repreensível — ninguém quer ser associado a uma sombra porque isso significa trazer em si a culpa; no entanto, a única forma de evitar lançar uma sombra verdadeira é não ter nenhuma materialidade... Se a pessoa adquirir peso, substância e definição, ela arrastará ao mesmo tempo atrás de si uma sombra.*

— Edward F. Edinger[1]

A miúde a sombra aparece em nossa vida, e só lhe prestamos atenção quando é tarde demais. Os contos de fada estão cheios desse tema. Por exemplo, os *Contos de Fada dos Irmãos Grimm* trazem a história do "Príncipe Sapo".[2] Houve certa vez uma bela princesa que tinha tudo o que pudesse desejar. (Para ser honesto, ela era provavelmente uma menina mimada.) Certa feita, ela estava no bosque que circundava o castelo onde vivia, sentada às margens de uma fonte funda e fria, brincando com o seu bem favorito: uma bola de ouro. Ela a atirava ao ar, e a apanhava de novo, sucessivamente. De súbito, aconteceu o inesperado: errou o arremesso e perdeu a bola. Esta ricocheteou para a fonte e afundou nela. Quando ela pôs-se a examinar a fonte à procura da bola de ouro, já não era mais possível vê-la. A princesa não tinha idéia de que a fonte tinha aquela profundidade. Ela irrompeu em prantos e pôs-se a se lamentar.

*Círculos e esferas são símbolos da completude consagrados pelo tempo. Cada ponto em sua superfície é idêntico a qualquer outro. Não têm começo nem fim. Cada qual contém a quantidade máxima dentro do mínimo espaço. E virtualmente todas as culturas consideraram o ouro como o mais precioso dos metais: belo e reluzente, facilmente maleável, neutro, de modo que nunca perde o brilho. Assim, a bola dourada da princesa simboliza a completude preciosa de sua vida inconsciente até então abençoada, agora sob ameaça.*

Seus gritos foram tão lastimosos, que um sapo gordo e feio pôs a cabeça para fora da água e perguntou-lhe qual era o problema; quando ela lhe disse que sua bola caíra na água e que ela não a pudera apanhar, o sapo afirmou que a poderia pegar para ela; contudo, impôs primeiro uma condição: ele só haveria de recuperar a bola de ouro se ela o deixasse ser seu amigo e seu companheiro de todas as horas, acompanhando-a a toda parte.

*Essa é uma descrição perfeita de como a sombra tenta abrir caminho para a nossa vida sem nos causar demasiada dor. Quando nossa vida é um mar de rosas e está cheia de bens materiais, tendemos a admitir, como a princesa mimada, que somos tão maravilhosos, que temos direito a todas as coisas boas e que nada de mau nos deve acontecer. A essa altura, alguma coisa mágica nos escapa da vida, sua energia desaparecendo no inconsciente, assim como a bola de ouro que caiu na fonte. Essa completude perdida só pode ser recuperada a partir do inconsciente, e precisamos de alguém que viva lá para nos ajudar. Essa é a sombra.*

A princesa concordou com alegria, pensando com seus botões como aquele sapo era tolo em pensar que poderia ser amigo de qualquer pessoa, ainda mais amigo de uma princesa. Então, o sapo mergulhou na água e veio à tona com a bola de ouro da princesa. Esta ficou tão encantada, que de imediato se afastou correndo com a bola, ignorando o pobre sapo que lhe suplicava que esperasse por ele. Apesar de tudo, com suas perninhas atarracadas, ele não poderia correr rápido o bastante para acompanhá-la. Infelizmente, para o sapo, agora que a princesa recuperara a bola, ela nem se lembrava mais de que concordara com deixar que ele fosse seu amigo e seu companheiro constante.

*Eis quando a sombra aparece, como um sapo, útil mas feia à nossa estreita visão. Ao mesmo tempo, estamos dispostos a fazer quaisquer promessas para conseguir de volta o que perdemos, mas essas promessas são como promessas para o ano novo, em pouco esquecidas. Infelizmente, a sombra não será ignorada; quando aparecer de novo, nem sempre será tão amável.*

## Jornada de um animal do sonho: o trabalho com os seus sonhos

*As imagens dos sonhos são tão complexas, que jamais as podemos deslindar; só nos é dado envolvermo-nos com uma parcela mínima de sua solução, que se torna a imagem de um enigma mais obscuro. Quer decifremos em parte um sonho quer fracassemos nisso, mudamos através de nosso envolvimento.*

— Richard Grossinger[3]

É importante criar o hábito de registrar seus sonhos num caderno ou de alguma outra forma permanente, de modo que possamos voltar e examinar nossos sonhos posteriormente. Por vezes, um sonho não lhe significará nada quando você o registrar pela primeira vez, mas só revelará o seu segredo com o correr do tempo; porém, entender o sentido de um sonho não é de fato o que interessa no registro deles. Registramos os sonhos a fim de reverenciá-los; eles são dignos de apreço porque tudo aquilo em que sempre nos transformamos passa pelos sonhos antes que se evidencie na nossa vida.

O simples fato de fazermos certo esforço para nos lembrarmos e de então registrarmos nosso sonho promove um diálogo com o inconsciente. Quando você começa a reagir conscientemente com os sonhos gerados pelo inconsciente, sua personalidade consciente inclui essa percepção. Então, seu inconsciente reage sucessivamente a essa mudança. Se você interpreta de modo incorreto o que o inconsciente lhe está dizendo, essa direção errada se torna parte de você, e o inconsciente não raro deixa bem evidente nos sonhos futuros que você preferiu o caminho errado. Quando o canal entre o consciente e o inconsciente está aberto, as coisas procedem muito mais rapidamente. Jung enfatizava que o inconsciente tende a reagir a nós da mesma forma que reagimos a ele. Se deixamos de lado nossos sonhos ao considerá-los sem sentido, é improvável que logremos muita consideração da parte do inconsciente; quando começamos a reconhecer que nossos sonhos talvez tenham sentido e objetivo, o inconsciente por sua vez demonstra esse respeito e nos trata com deferência e compaixão.

Embora as antigas figuras da sombra tendam a ser apenas grotescas e ameaçadoras, elas já podem dar sinais dos problemas que você está deixando de lado na sua vida. Quando alguém começa uma análise junguiana, esse alguém por vezes tem um "grande sonho" que mostra todo o curso de seu futuro desenvolvimento. De modo semelhante, quando você começa a registrar seus sonhos, em meio a todos os sonhos cheios de figuras incompletas parcialmente delineadas, você pode deparar alguns que já estão claramente definidos e que são significativos. Por exemplo, no seu notável livro *Journey of a Dream Animal*, Kathleen Jenks registra este sonho inicial, que a conduziu numa longa trajetória de desenvolvimento espiritual:

*Era sobre um peixinho dourado. Ele estava numa vasilha rasa, cheia de lama e água suja. Senti repulsa pela carne reptiliana do peixe, enquanto ele estava ali, arquejando; mas eu não podia deixar que morresse. Tentei retirar a lama para que o peixe tivesse um tanque limpo, mas a lama continuava escoando e se acumulando de novo. Por fim, em exasperação, deixei-o no banco de areia. Ou ele morreria ou haveria de se revigorar sem nenhuma ajuda exterior — e era a única vez que a criaturinha mais precisava dessa ajuda de fora! Entrei num outro cômodo por alguns momentos. Ao final, voltei a ele, e descobri que ainda estava vivo — e isso era mais evidente do que antes. Com uma colher, tirei a lama e o pus de volta na água. Enquanto ele estava na minha mão, pude sentir-lhe a respiração latente em sua carne dourada. Fiquei muito feliz... De qualquer forma, a criatura entrou num aquário melhor, e planejei arrumar um maior para ela quando acordei.*[4]

Observe que Kathleen usou a palavra "repulsa" para descrever a "carne reptiliana" do peixe, um sinal inequívoco de que ela está às voltas com a sombra; no entanto, trata-se de um peixe "dourado"; ou seja, algo de valor evidente, à semelhança da bola dourada que a princesa perde na história do "Príncipe Sapo". Kathleen comenta que "o peixinho dourado em desespero era meu próprio espírito, mas eu não percebia isso". Logo a seguir no sonho, Kathleen começa a fazer planos para "arrumar um maior [aquário]"; ou seja, ela começa a tentar e a descobrir um meio de fornecer uma morada melhor e maior para o espírito, uma forma de honrar o inconsciente. Na verdade, Kathleen, que era muito pobre naquela época, roubou um livro sobre psicologia junguiana de uma biblioteca e usou as informações nele contidas para conduzir uma análise junguiana independentemente de qualquer analista. Kathleen conseguiu usar seus sonhos para levar sua vida além de um lugar de desespero em que ela estava presa. Dificilmente se pode fazer melhor do que isso.

## *O "eu" e o "não-eu": quanto vale a alma nos dias de hoje?*

*A distinção entre o que é "Eu" e o que é "Não-Eu" não se faz tão facilmente quanto as pessoas supõem.*

— M. Esther Harding[5]

Entre as muitas histórias sobre o homem que vende a alma ao demônio, acha-se uma lenda medieval em que, como de costume, o diabo oferece ao homem riqueza e poder. Quando, desconfiado, o homem quer saber quanto tem de pagar, o demônio lhe diz maliciosamente que tudo o que esse homem tem de ceder é sua sombra. Isso parece um preço muito pequeno a ser pago, de forma que o homem concorda de imediato. "Mas então os seus problemas começaram, porque nada que fizesse conservava qualquer realidade ou substância." Ao perceber que não tem nenhuma sombra, as pessoas têm medo de que ele não seja humano e começam a evitá-lo. Ficando marginalizado e só, o homem conclui que fez péssimo negócio. Procura o demônio, esperando poder persuadi-lo a desfazer o negócio. Infelizmente, independentemente de onde vá, jamais encontra o demônio, pois que este "cobriu-se com a sombra do homem como com um manto, e tornou-se invisível. Sempre postou-se justamente na sombra do homem".[6]

Essa história está contida no livro *O "Eu" e o "Não-Eu"* de M. Esther Harding, uma das primeiras psicólogas a escrever sobre psicologia junguiana para não-psicólogos. Sua frase "o 'eu' e o 'não-eu'" apreende com perfeição nossa relação com a sombra. Quando esta aparece pela primeira vez, ela é precisamente tudo o que vemos como "não-eu", tudo o que não tem absolutamente nenhuma ligação com a visão que temos de nós mesmos; mas há uma outra maneira de se olhar para ela: o "não-eu" traz em si tudo o que existe exceto a quantidade minúscula da personalidade que acumulamos em nossa curta vida e em que pensamos como "eu". O "não-eu" traz em si não apenas todas as qualidades que consideramos ruins, mas também todas as

Figura 9

*O maior dos contos que envolvem o tema da pessoa que vende a alma ao diabo é a história de Fausto e Mefistófeles, retratada por Goethe. Eis aqui uma cena com Fausto, Mefistófeles e Margarida.*

qualidades das pessoas que admiramos mas com quem supomos não ter nada em comum. A sombra exerce a função milagrosa de selecionar para nós exatamente quais dessas qualidades ilimitadas são as que precisamos, independentemente de acharmos ou não que precisamos delas.

Evidentemente, já que a sombra está mergulhada no grande oceano de tudo o que é "não-eu", é de se esperar apenas que a princípio ela seja indiscriminada, confundindo-se com tudo o que seja obscuro, desconhecido e oculto interiormente, e seja incapaz de discernir o que é necessário e o que não é. Temos de nos bater com a sombra a fim de conhecê-la, e, enquanto não fizermos isso, não poderemos começar a selecionar as partes que pertencem ao futuro e as que precisamos deixar no passado e na escuridão.

## *Segurar com firmeza: a luta de Jacó com o estranho misterioso*

> *Jacó ficou sozinho; e alguém lutava com ele até o romper da aurora. E quando viu que não podia vencê-lo, aquele homem tocou-lhe na articulação da coxa e esta deslocou-se, enquanto Jacó lutava com ele. E disse-lhe: "Deixa-me partir, porque a aurora se levanta." "Não te deixarei partir", respondeu Jacó, "antes que me tenhas abençoado." Ele perguntou-lhe: "Qual é o teu nome?"; "Jacó." "Teu nome não será mais Jacó", respondeu ele, "mas Israel, pois, como príncipe, lutaste com Deus e com os homens, e prevaleceste." Jacó perguntou-lhe: "Peço-te que me digas qual é o teu nome." "Por que me perguntas o meu nome?", respondeu ele. E o abençoou no mesmo lugar. Jacó chamou Peniel àquele lugar: "Porque", disse ele, "eu vi a Deus face a face, e minha vida foi preservada."*
>
> — Gênesis 32:24-30

Não há modo de deixar de aceitar o momento para se envolver com a sombra. Isso é exemplificado precisamente pela história bíblica da luta de Jacó, nas trevas, com um estranho misterioso. Embora este lutasse ferozmente, Jacó teve de segurá-lo com força até o raiar da aurora, quando pôde pedir-lhe a bênção. O estranho então deu a Jacó um novo nome: Israel — que significa aquele que persuade a Deus. Essa historinha já indica a maior parte dos elementos-chave de que necessitamos para nos lembrar de lidar com a sombra. Atentemos para os pormenores da história e vejamos o que eles nos podem revelar sobre a sombra:

**Jacó teve de bater-se no escuro com um estranho misterioso. Embora o estranho lutasse ferozmente, Jacó teve de segurá-lo com força...**

*A batalha com a sombra, como a luta de Jacó com o estranho misterioso, é uma contenda feroz, mas uma contenda em que nossa tarefa não é tentar derrotar a sombra, mas tão-só detê-la. Seremos sempre tentados a negar as necessidades prementes da sombra ou a capitular sem resistência às suas exigências. Se fizermos qualquer uma dessas coisas, perderemos o acesso à mudança oculta na sombra, coisa que só uma longa batalha pode revelar.*

**até o romper da aurora...**

*A luta ocorre dentro do inconsciente, e só termina quando a luz da consciência nos revela de todo a sombra. Quem quer que já tenha passado por essa luta sabe como é difícil bater-se com valores sombrios e obscuros. É muito mais fácil caminhar por alguma vereda iluminada, seguir algum conjunto exterior de regras que nos dirão o que é certo e o que é errado; porém, quando a pessoa começa a batalha com a sombra, regras exteriores de nenhum tipo vêm a ser de novo suficientes.*

*Já analisamos uma forma importante de nos agarrar à sombra em meio às trevas: o trabalho do sonho. No trecho em questão, ressaltamos que o importante é registrar o sonho e pensar nele repetidas vezes. Não importa tanto descobrir-lhe o significado — isso seria o equivalente a derrotar a sombra — porém, de vez que todo sonho apresenta camadas de significado, não há perigo de esgotá-lo.*

**...quando pôde pedir-lhe a bênção.**

*Pedimos algo à sombra — sua bênção — que é o centro da batalha. A princípio, a idéia de ser abençoado por alguma coisa que parece representar um valor que desprezamos parece ridícula; porém, depois de conservarmos a sombra tão perto e por tanto tempo, criamos certa intimidade com ela e com as suas exigências. Em algum momento, o reconhecimento de sua legitimidade cria um vínculo em que a sombra não só nos abençoa, como também a abençoamos.*

**O estranho então deu a Jacó um novo nome...**

*Se nos mantivermos na rota, adquiriremos uma nova identidade, que reconhece a nossa realização. Essa identidade não será quem fomos antes nem será a identidade da sombra (que acontece quando cedemos muito facilmente e quando dá-se uma enantiodromia). Essa nova identidade achar-se-á num nível superior com relação a ambos os casos, e partilhará tanto de nossa identidade original como das qualidades da sombra de que necessitávamos.*

*Uma vez mais, descobrimos isso no trabalho do sonho: a série das figuras da sombra lentamente se desenvolvem, passando do não-humano para o subumano, para pessoas que desprezamos ou tememos, para pessoas que toleramos mas a quem olhamos com desprezo, para amigos casuais, para amigos íntimos e para a família, até que, por fim, a sombra tenha-se transformado em nós; porém, evidentemente, ao fazer isso, mudamos e adquirimos um novo nome e identidade.*

**Israel — que significa aquele que persuade a Deus — "pois, como príncipe, lutaste com Deus e os homens, e prevaleceste".**

*Na luta com a sombra, em certo sentido lutamos com Deus, ou pelo menos com uma força intermediária entre a humanidade e a divindade. Uma vez mais, a nós é quase inimaginável, no momento em que nos vemos pela primeira vez assaltados pela sombra, que ela pudesse estar associada à divindade; mas está. A sombra é a primeira experiência que temos do "não-eu" dentro de nós. Em última análise, não descobriremos só a sombra mas muitas outras figuras, culminando numa figura numinosa que Jung chama de o Self. Este acha-se tão próximo quanto nós, simples mortais, podemos chegar a fim de encarar a divindade.*

Poderíamos também lembrar que Jacó feriu-se na coxa durante a batalha. Não há meio de prevalecer sobre a sombra sem se ferir nessa ação. Por vezes, a ferida, como a de Jacó, está na coxa, que é um modo oblíquo de dizer que o ferimento está relacionado com a nossa sexualidade. Como ocorre com freqüência, o ferimento está relacionado com a nossa estabilidade emocional. Reconhecer a sombra nos obriga a nos abrirmos, dentro de nossa alma, a muitas coisas que anteriormente negáramos. Para os homens, na maioria das vezes, isso equivale a sentimentos tão esquecidos que nem sequer é possível lembrar que chegaram a existir. Em comparação, as mulheres amiúde têm de desistir de parte de seu senso de integração e ligação com tudo e todos ao seu redor. Depois da sombra, o mundo fica maior do que é, capaz de abranger certo sentido de família ampliada. Isso é um crescimento, mas também um ferimento.

## *Primitivo (?) versus civilizado: racionalidade demais nem sempre é coisa boa*

*A consciência, porém, é igualmente relativa, pois que envolve não só a consciência como tal, mas toda uma escala de intensidades da consciência. Entre o "faço isso" e o "estou consciente de fazer isso" há um mundo de diferenças, que chegam por vezes a uma contradição total. Por conseguinte, há uma consciência em que a inconsciência predomina, bem como uma consciência em que a consciência do* self *predomina.*

— C. G. Jung[7]

O inconsciente nos oferece possibilidades que não estão simplesmente disponíveis para a consciência. Na maioria das vezes, isso se dá porque a consciência foi por demais bem-sucedida. Em culturas tribais, o ego individual ainda está em grande parte subordinado ao ego coletivo; em outras palavras, a maior parte da identidade de uma pessoa é fornecida por costumes e valores tribais que existiram por gerações e gerações. O individual só raramente tem de se tornar consciente de si mesmo como indivíduo, com necessidades e valores separados da tribo. Isso não quer dizer que os membros da tribo são unidades intercambiáveis, como formigas numa colônia; há tanta variação na personalidade e na capacidade numa tribo quanto nas culturas ocidentais supostamente mais avançadas; porém, a diretriz unilateral da consciência está ausente nas culturas tribais.

Nós nos consideramos seres racionais porque usamos o pensamento em vez da emoção. Conscientemente planejamos e colocamos em prática nossos projetos, em vez de reagir no momento. Por causa da força dessa atitude, esquecemos a perda. A racionalidade é necessariamente unilateral, "mesmo que o juízo racional possa parecer multifacetado e sem preconceitos. A própria racionalidade do julgamento pode ser o pior preconceito, porquanto chamamos de razoável o que se nos afigura razoável".[8] Os membros da tribo ainda estão abertos ao inconsciente; sem os mecanismos de defesa da consciência do ego individual, há ainda um canal aberto para o inconsciente; entretanto, como um expediente do espírito ou um canal moderno, sem a intervenção consciente, o inconsciente flui diretamente para a pessoa, levando à ação imediata.

Em comparação com isso, nos assim chamados homens e mulheres civilizados, nossa racionalidade exclui por força as informações do inconsciente. Isso efetivamente priva a consciência de quaisquer possibilidades novas, possibilidades que não quadram na nossa definição anterior do "modo como as coisas são". O consciente e o inconsciente precisam unir-se numa dança contínua, em que o inconsciente reage à posição consciente. No grau em que a consciência pode, por sua vez, reagir, a dança se torna a um só tempo amável e intrincada.

No grau em que a consciência se aparta do inconsciente, cada qual tem de dançar sem o parceiro.

Isso não é negar de qualquer forma que a consciência não foi o avanço mais importante que a humanidade levou a efeito. Como disse Jung: "Sem a consciência, as coisas vão menos bem."[9] Se a consciência do ego racional nos aparta das novas informações acessíveis a partir do inconsciente, ela também nos resguarda das mudanças do estado de espírito do inconsciente, das contínuas flutuações. Ainda temos a experiência disso nos agrupamentos coletivos, como jogos de futebol e comícios políticos; no entanto, o soberbo sentimento da unicidade que temos quando torcemos para o nosso time facilmente pode levar a provocar o ódio de quem quer que apóie o time adversário. Esse sentimento de união coletiva pode se transformar em caça às bruxas e em quadrilhas de linchamento. As culturas tribais se protegem a si mesmas desses excessos por meio de rituais que canalizam essas emoções coletivas, mas nem sempre com êxito. Os membros da tribo têm até menos proteção quanto às mudanças inconscientes inesperadas em seu estado de espírito, se estas não se enquadram prontamente nos rituais tribais que visam canalizar essa energia imprevista.

A capacidade de exercer controle consciente sobre estados de espírito e desejos é um avanço muito grande; assim, a resposta não é negar a racionalidade, como um Luddite negando a tecnologia; a resposta é estabelecer de alguma forma um canal entre a consciência e o inconsciente. Já que as duas coisas estão em grande parte numa relação de compensação entre uma e outra, isso necessariamente cria a tensão, e é difícil conservar essa tensão. Ao fazer isso, contudo, temos acesso tanto à direção quanto ao poder da consciência, bem como ao antigo sistema de alerta e à novidade do inconsciente. Idealmente, uma coisa complementa a outra. Jung denomina essa união dinâmica do consciente e do inconsciente como "a função transcendente" no sentido de que transcende o consciente ou o inconsciente. A sombra é a primeira figura que reconhecemos em nós mesmos ao ativar a função transcendente.

## *A volta do rei sapo: respeitar a sombra*

*Os contos de fada são a expressão mais pura e simples dos processos psíquicos do inconsciente coletivo... Eles representam os arquétipos em sua forma mais simples, despojada e concisa.*

— Marie-Louise von Franz[10]

Talvez possamos terminar este capítulo sobre as possibilidades ocultas na sombra voltando à história do "Rei Sapo". Quando deixamos a história anteriormente, uma vez que o sapo devolvera a bola dourada para a princesa mimada, esta imediatamente esqueceu seu compromisso de tornar o sapo seu amigo; mas a história não acaba aí. Embora com suas perninhas atarracadas ao sapo custasse um dia todo para chegar ao castelo em que a princesa vivia, ele finalmente apareceu e bateu à porta.

*Quando a sombra aparece pela primeira vez, nós a achamos tão repulsiva, que não podemos imaginar que precisamos tratá-la com respeito. Tentamos fazer um acordo com ela, sem nunca na verdade ter a intenção de respeitar esse acordo. E é possível enganar a sombra e prosseguir na nossa vida por algum tempo, como se ela nunca mais fosse aparecer; porém, embora pensemos que fomos inteligentes, não podemos evitá-la indefinidamente; por fim, ela sempre voltará, batendo uma vez mais à porta.*

Quando a princesa viu quem era, bateu a porta e ficou tremendo de medo. Seu pai, o rei, perguntou-lhe que tipo de monstro pôde assustá-la tanto. Ela foi obrigada a admitir que era apenas um sapo. Quando o rei a pressionou, ela contou-lhe a história. O rei, um homem honrado, insistiu em que ela mantivesse a promessa e deixasse o sapo entrar.

*Quando nos envolvemos com a sombra, não há como reconsiderarmos. O rei representa dentro de nós um poder legislador que se recusa a aceitar nossas desculpas e evasões. Todos chegamos ao ponto em que temos de viver com a sombra, apesar da nossa repugnância.*

O sapo sentou-se à mesa com a princesa e pediu para que o deixassem comer do prato dourado da princesa. A princesa aquiesceu, mas só porque o rei a obrigou a fazer isso.

*Essa é a nossa atitude normal, já que não podemos mais ignorar a sombra. Faríamos tudo para nos livrarmos dela, porém, se isso for possível, teremos a certeza de que não lhe usufruímos a presença por um momento. Apesar de tudo, perguntamos a nós mesmos como ela poderia ter provavelmente algo que pudéssemos querer.*

Finda a refeição, o sapo disse à princesa que estava cansado e que queria ir dormir... na cama dela! A princesa ficou terrificada, porém, uma vez mais cedeu quando o rei a advertiu.

*Chega um tempo em que o mundo diurno das projeções da sombra e o mundo noturno dos sonhos da sombra têm de se juntar, e a consciência reconhecer a sombra em ambos os mundos. Posteriormente, temos de nos deitar no mesmo leito juntos.*

Uma vez no quarto, a princesa põe o sapo no canto mais distante do cômodo e vai para a cama, mas o sapo salta para a cama dizendo-lhe que quer dormir no travesseiro da princesa. Isso é demais para ela. Ela apanha o sapo e, com toda a força, lança-o contra a parede. Quando cai ao chão, ele se transforma num belo príncipe. Como muitos outros príncipes semelhantes nos contos de fada, ele foi transformado num sapo por uma feiticeira malvada.

*Aqui devemos deixar a história do modo como ela é contada pelos irmãos Grimm. A princesa nunca mudou sua atitude, e só se adaptou ao sapo porque o pai, o rei, a obrigou a tanto. É apenas por meio de um ataque de raiva de sua parte que o sapo recupera a sua verdadeira identidade como príncipe. Infelizmente, sem mudança de atitude, não há possibilidade de reconciliação com a sombra. Em vez de pôr a sombra longe de nós num acesso de raiva, temos de nos envolver com ela de boa vontade até que chegue o tempo em que a vejamos sob nova luz. Assim, contemos de novo o final do conto de um modo que demonstra respeito à sombra e ao que ela nos pode ensinar.*

Embora ele a fizesse estremecer, a princesa pegou o sapo, colocou-o no travesseiro, depois deitou para dormir. De alguma forma, atravessou a noite e os dias por vir, dias em que o sapo foi seu companheiro constante. Ela tentou diversas vezes evitar-lhe a companhia, mas os conselhos do pai a fizeram se comprometer. Depois de algum tempo, ela se surpreendeu ao descobrir que não achava mais o sapo tão repulsivo assim. Embora ele dificilmente fosse o seu parceiro ideal, ainda assim ela se acostumara a ele.

*Não há como evitar a necessidade de simplesmente despender tempo vindo a conhecer a sombra. Leva tempo para enxergar além do aspecto grotesco que ela de início revela; para ver o que se esconde por trás da fachada. Também leva tempo para que a sombra se desenvolva na companhia aceitável à luz. Enquanto a sombra continua oculta na escuridão, ela não muda. Só o envolvimento consciente pode fazer a sombra crescer e se desenvolver.*

Então, certo dia, ela acordou, esperando ver como de costume o pequeno sapo no travesseiro; mas ele não estava ali, tampouco em qualquer outro lugar do quarto. "É estranho", pensou ela. "Onde será que ele está?" Quando a princesa desceu para tomar o café, perguntou a seu pai, o rei, e a sua mãe, a rainha, se eles tinham visto o sapo. Ambos afirmaram que não o tinham visto naquela manhã. Ela disse para si mesma, "Maravilhoso! Acho que finalmente me livrei do sapo e posso ter tempo para mim mesma outra vez"; mas ela achou que o dia estava tremendamente fastidioso, e nada parecia interessá-la. Chegou até a abordar os criados e perguntar-lhes polidamente se eles haviam visto o sapo, mas ninguém o havia visto.

*Posteriormente, vimos a compreender que a sombra trouxe algo novo à nossa vida. Sem a sua energia, a vida não tem mais ânimo para nós. Não importa para onde olhemos, não podemos descobrir essa novidade que ela traz à nossa vida.*

Levando consigo o seu brinquedo favorito — a bola dourada — a princesa vagueou até o poço em que encontrara o sapo pela primeira vez, esperando e desesperando que ele voltasse para lá; mas não havia nenhum sapo. Ela olhava para a bola dourada nas mãos e só podia ver o sapo que não estava lá. Ela pegou a bola e arremessou-a à fonte, gritando, "Pequeno sapo, se você devolver a minha bola, serei sua companheira constante"; mas a bola apenas afundou na fonte.

*Tudo o que antes julgávamos mais importante perde agora qualquer valor. Temos de desistir de tudo, mas mesmo isso não é o bastante.*

Agora, compreendendo que o sapo se fora para sempre, ela começou a chorar e gritou: "Ó pequeno sapo, sinto tanto a sua falta. Por favor, volte." Ditas essas palavras, o sapo saiu da água com a bola nas patas e a colocou diante dela. A princesa ficou tão feliz em ver o sapo de novo, que o apertou contra o peito e o beijou. Quando ela o beijou, o sapo se transformou num belo príncipe, com quem a princesa se casou e viveram felizes para sempre.

*Por fim, temos de admitir o vínculo profundo que partilhamos. E isso não basta. Talvez não vivamos felizes para sempre. Quem vive? Mas vivemos uma vida transformada.*

*Figura 10*

*O rosto que vemos no espelho não é necessariamente o de quem somos de fato.*

# 3

# A face no espelho: a sombra e outras personalidades interiores

*Algumas das mesmas considerações se aplicam a essa relação interior quanto a relacionamentos entre pessoas no mundo exterior. Por exemplo, a plena consideração da separatividade e das idiossincrasias do outro é essencial. Na relação interior, o inconsciente deve poder ser o que é, e não ser levado à força às idéias exteriores ou do ego sobre como ele deve se comportar. Ao mesmo tempo, o ego deve apegar-se firmemente à sua própria realidade. Isso é tão difícil nas relações interiores quanto nas exteriores.*

— Janet Dallett[1]

Até este momento, falamos da sombra no singular, mas realmente há muitas sombras em nós. Ou talvez seja melhor dizer que a sombra assume muitas formas. No Capítulo 1, analisamos como, em sonhos iniciais, a sombra pode assumir a forma de vampiro ou de lobisomem, de um alienígena ou até de um animal. Isso se dá porque, nesse estágio inicial, a sombra parece tão estranha e irreconhecível, que só essas imagens distorcidas contarão; porém, não é como se tivéssemos sonhado com um lobisomem e, depois, esse mesmo lobisomem continuasse aparecendo sonho após sonho. Em vez disso, ocorre um sem-número dessas imagens, não só nos estágios iniciais que envolve estar às voltas com a sombra, mas em toda a vida do seu sonho. As figuras da sombra se formam no inconsciente em torno dos problemas que apresentam significação emocional para você. O analista junguiano John Talley fez o seguinte comentário: "Há muitas, provavelmente tantas sombras quanto há entidades ou afetos."[2] Com o correr do tempo, figuras diferentes vêm à existência, se transformam, mesclam-se umas às outras, desaparecem, reaparecem e por fim se fundem na consciência.

*Figura 11*

*Com o correr do tempo, figuras diferentes vêm à existência, se transformam, mesclam-se umas às outras, desaparecem, reaparecem e por fim se fundem na consciência.*

## Vozes interiores: o andróide e outras personalidades múltiplas

...*na* personalidade múltipla, a estrutura esqueletal da psique vê-se despojada. *Uma janela se abre para a alma, e a estrutura e o dinamismo de seus "órgãos internos" podem ser observados de um modo claro e objetivo. A importância teórica e prática do fenômeno da personalidade múltipla para entender a psique humana não pode ser minimizada.*

— Richard Noll[3]

Podemos ver esses quadros interiores mais claramente nos casos de Distúrbio da Personalidade Múltipla (DPM). Os infelizes que sofrem desse distúrbio normalmente tiveram um cenário tão traumático em sua infância, que jamais desenvolveram uma personalidade central estável e singular (isto é, um ego). Para a maioria de nós, nossa personalidade inata se desenvolve com o tempo, desde um diminuto sentido de identidade pessoal até um ego singular e que tudo abrange, o qual compõe o centro de toda a nossa personalidade consciente. A sombra aparece a fim de decompor essa estrutura monolítica, de modo que possamos acrescentar partes do inconsciente na nova estrutura. Para pacientes que sofrem de DPM, sua personalidade inata pode ou não ter sobrevivido como a personalidade consciente principal, porém uma ou mais personalidades (por vezes muitas) também se formaram. Em situações variáveis, uma dessas personalidades assume o controle da consciência. Quando isso acontece, a nova personalidade pode ser tão diferente da antiga quanto duas pessoas são uma da outra. A personalidade consciente normal sempre permanece sem perceber essas personalidades alternativas. Por causa disso, os que sofrem de DPM tornam-se peritos em racionalizar lapsos em sua própria memória. É fascinante que por vezes uma das personalidades alternativas tenha uma total lembrança de tudo o que ocorreu, independentemente da personalidade responsável.[4]

É fácil perceber por que seria inestimável para as personalidades alternativas aparecerem em alguém que teve uma infância particularmente problemática. Quando a situação se torna insuportável, a criança simplesmente recua da percepção consciente do que está ocorrendo e deixa que uma outra personalidade assuma o lugar, uma personalidade mais capaz de lidar com a situação. Uma das experiências mais compensadoras de minha vida foi com uma bela paciente a quem chamarei Rosalyne. Ela teve uma infância do tipo "mamãezinha querida" com uma mãe que, para o mundo exterior, parecia gentil e amável, mas que, dentro de casa, abusava dos dois filhos de todos os modos possíveis. Isso acabou sendo demais para o irmão caçula de Rosalyne, que cometeu suicídio. Quando isso aconteceu, uma nova personalidade passou a existir em Rosalyne, uma personalidade que ela mesma chamava de "o andróide".

Diferentemente da maioria dos pacientes de DPM, em que as personalidades são entidades independentes que aparecem em série e nunca estão no lugar certo simultaneamente, o andróide servia como uma personalidade intermediária entre Rosalyne e a vida, a exemplo dos apresentadores em *talk shows* no rádio que não deixam que os ouvintes mais problemáticos que telefonam falarem com o convidado. Como Data em "Jornada nas Estrelas: A Nova Geração", muitos anos depois (pelo menos, até que Data conseguiu sua pitada de emoção), o andróide não sentia nenhuma emoção e só alimentava uma versão neutralizada da realidade para Rosalyne. Isso protegia Rosalyne dos abusos da mãe, para que Rosalyne sobrevivesse até a idade adulta. Contudo, não se pode viver sem um pleno envolvimento emocional por toda a vida sem sofrer as conseqüências. E a pobre Rosalyne sofreu.

Quando vi pela primeira vez Rosalyne, ela tentara o suicídio na semana anterior, nadando para mar aberto. Quando estava bem longe, ela deixou-se afundar — e, de fato, convenceu-se de que havia se afogado. Na manhã seguinte, porém, acordou viva numa praia milhas distante, para onde o mar a havia transportado gentilmente. O andróide se fora, para nunca mais voltar. Rosalyne se sentia como se tivesse renascido quase literalmente. A exemplo de um recém-nascido, tudo era novo e estranho para ela. Isso era tão evidente, que ela por vezes se pegava perguntando sobre o que eram coisas comuns. Por exemplo, enquanto penteava o cabelo naquela semana, ela parou e pôs-se a olhar a escova de cabelo, se perguntando o que era aquilo. Tive o privilégio de acompanhá-la em seus primeiros passos rumo a uma nova vida. Estou contente por dizer que, depois de pouco mais de seis meses de terapia, Rosalyne voltou ao mundo totalmente curada, com as emoções intactas, depois de trabalhar a raiva e o ódio pela mãe. Evidentemente, um paciente como Rosalyne é uma dádiva dos deuses para o terapeuta; eu só poderia sentir gratidão por ter assistido a esse processo, além de ter pouco ou nenhum crédito por sua cura e transformação.[5]

Anteriormente considerada uma doença tão rara, que muitos psicólogos lhe negavam até mesmo a existência, em anos recentes a DPM tornou-se cada vez mais predominante. Isso acontece paralelamente ao desenvolvimento de fenômenos relacionados entre personalidades saudáveis, tais como o da canalização (da qual trataremos mais adiante). As razões para isso são complexas e bastante discutíveis, além de não serem fundamentais para nossa análise aqui. Minha opinião pessoal é que esse é mais um de muitos sinais de que o inconsciente coletivo está aflorando, preparando uma mudança fundamental na consciência.

## *Da Índia para o planeta Marte: Myers, Flournoy e o inconsciente criativo*

> *Entre a consciência comum (a supraliminar) e a nossa consciência latente (a subliminar) há mudanças e flutuações perpétuas ao longo de sua fronteira; o nível de separação não é constante; a divisão não é inacessível; o limiar não está fixado entre essas partes do nosso ser.*
>
> — Théodore Flournoy[6]

Embora virtualmente toda a literatura sobre DPM a considere uma condição exclusivamente patológica, uma atitude que remonta ao proeminente psicólogo francês Pierre Janet, Jung adotou postura diferente. Ele percebeu que a psique organizava de maneira inerente problemas emocionais na forma de *complexos*, os quais depois inevitavelmente assumiam uma forma personificada. Toda mudança na psique ocorre por meio da formação dessas imagens interiores e do envolvimento do ego consciente com elas por meio de sonhos e fantasias. Sem assumir uma forma personificada, virtualmente não há nenhuma maneira de a consciência deparar esses problemas. Para Jung, essa era uma função natural e essencialmente benigna da psique. Como ele diz: "A consciência é continuamente ampliada por meio do confronto com conteúdos antes inconscientes ou — para ser mais exato, poderia ser ampliada se se desse o trabalho de integrá-los."[7] Por outras palavras, Jung está dizendo que todos nós temos essas figuras interiores e que a formação delas no inconsciente é um primeiro passo necessário rumo à integração na nossa personalidade.

Embora Jung não reconhecesse o débito, em parte ele estava fazendo uso de idéias primeiramente expressas por um colega mais velho, o psicólogo suíço Théodore Flournoy, que ajudara Jung durante o período crítico em que este estava rompendo com Freud. Flournoy, por sua vez, estava usando a obra de Frederick Myers, um pioneiro na pesquisa da parapsicologia. Myers tinha desenvolvido uma teoria do inconsciente — que ele chamou de *subliminar* — com base no estudo que fez dos fenômenos que existiam na fronteira entre consciente e inconsciente, e escrita automática em particular. A escrita automática é o que ela parece: deixar que a escrita saia de nós por si mesma, automaticamente, sem intervenção do inconsciente. Isso pode se realizar de qualquer forma usando-se uma tábua de mensagens [*Ouija board*] para indicar as letras, segurando uma caneta ou um lápis na mão e deixando que ela escreva aparentemente por si mesma, ou sentar-se ante uma máquina de escrever ou um teclado de computador e deixar que as palavras fluam. Como veremos posteriormente na nossa análise da técnica de Jung da Imaginação Ativa, esse processo é surpreendentemente fácil.

Uma das primeiras descobertas de Myers foi a facilidade com que as informações fluíam durante a escrita automática. Centenas de milhares de livros desse tipo de escrita foram "publicados pelos próprios autores ou por editoras que só publicam livros com edições pagas pelos autores... nos Estados Unidos, num período que vai além dos últimos cem anos".[8] Myers descobriu que não havia evidência de que a capacidade de canalizar essa escrita fosse um sinal de uma condição patológica. Ele descobriu o inconsciente que gerou a escrita de mais interesse. "O *self* parcialmente desperto é desprovido de todas as características pessoais; é a um só tempo pessoal e impessoal... assume indiferentemente toda sorte de caráter e de personalidade, pois que não tem nenhuma individualidade." Em comparação com os que viram esses processos inconscientes como patológicos e, no melhor dos casos, subservientes com respeito à consciência, Myers descobriu que "a mentalização continuou fluindo de modo intercorrente a par do consciente".[9]

Embora fascinado pelo conceito do inconsciente de Myers, Flournoy queria uma oportunidade para estudar cientificamente os pormenores de como isso estava imbricado na consciência. Como seu amigo americano, o psicólogo William James, Flournoy estava convencido de que a porta para o inconsciente fazia passar por fenômenos tais como hipnotismo e transe. Conformemente, Flournoy durante algum tempo procurou um médium de espírito suficientemente desenvolvido a quem pudesse estudar cientificamente. Por fim, encontrou quem buscava na pessoa de uma jovem francesa conhecida como Hélenè Smith, que já se havia tornado um dos médiuns mais famosos de sua época.[10] Hélenè tinha se interessado por espiritualismo depois de ler um livro sobre vida após a morte. Em pouco descobriu que tinha um dom e começou a servir de médium para o espírito do famoso escritor francês Victor Hugo. Diferentemente de suas contrapartidas modernas — os canais — que aparentemente deixam que toda sorte de entidade usem seu corpo a fim de falar diretamente, Hélenè respondia a perguntas usando o método trabalhoso, mas então comum, de bater na mesa. Mais ou menos na época em que

Flournoy a encontrou, Victor Hugo dera lugar a uma figura chamada Leopold, que devia permanecer como seu guia espiritual em momentos alternados durante o restante de sua carreira como médium.

Flournoy sugeriu que ela o deixasse participar de suas sessões e usar técnicas científicas de observação para estudar as capacidades dela. Lisonjeada com o interesse dele, a médium deixou que o processo tivesse curso segundo a orientação de Flournoy, a fim de que este pudesse estudar os acontecimentos de modo mais científico. Flournoy registrou as conseqüências desse estudo num livro que foi a um só tempo muito apreciado por seus colegas e popularizado como romance: *Da Índia ao Planeta Marte*. O título se refere a dois períodos-chave de seu estudo, um que ele chamou de Ciclo Hindu, quando Hélenè conseguia voltar a uma vida passada, na condição de uma princesa hindu chamada Simandini, e a um outro período, em que ela conseguia transportar-se ao planeta Marte e registrar o que encontrava por lá.[11]

Flournoy conseguiu demonstrar cuidadosamente que todas as informações que Hélenè dava em suas sessões poderiam ser explicadas como produtos de sua imaginação, valendo-se de uma capacidade pouco conhecida do cérebro humano chamada de criptomnésia, isto é, a capacidade de recordar coisas, fatos e acontecimentos de que não temos nenhuma memória consciente. Tanto a suposta linguagem hindu como também a descrição ainda mais detalhada de Marte, sem que faltasse a geografia, a cultura, os costumes, a tecnologia e até a língua escrita, deveram-se todos a essa capacidade mental.

Flournoy foi assim capaz de explicar cuidadosamente um fenômeno supostamente espiritualista valendo-se da psicologia. É importante notar, contudo, que, embora Flournoy não tivesse de recorrer a explanações extrapsicológicas, ele ficou perplexo com a extensão da criatividade da psique humana. Em transe, Hélenè era capaz de ditar informações semana após semana, as quais constituíam um retrato de mundos complexos sem nenhuma incoerência interior. Quando a obra de Flournoy é utilizada pelos céticos, esse aspecto é ignorado em grande parte. É provável que tenham sido os aspectos idênticos do psicologismo, a par da criatividade da psique, o que inspirou as próprias idéias de Jung.[12]

Enquanto poucos dentre nós avançarão tanto quanto Hélenè no contato com imagens interiores, precisamos compreender que todos temos o potencial de chegar a forças criativas no inconsciente, que assumem forma personificada. Envolver-se com a sombra oferece-nos a oportunidade de desenvolver essa criatividade.

## *Canalizando Zenão: a confusão do continente com o conteúdo*

*Resta uma última pergunta a fazer no que concerne a essas novas formas da existência psicológica. São elas inferiores ou superiores ao estado de vigília?*

— Pierre Janet[13]

Em outubro de 1988, tive uma experiência pessoal com um canal que me fez pensar muito sobre a natureza da canalização. Eu estivera lendo os livros de Jane Roberts pela primeira vez. Embora eu nunca tivesse tido nenhum interesse particular pelos livros dela, por alguma razão li um dos seus livros mais pessoais, o qual estava repleto das especulações de Jane sobre a experiência que ela teve com Set. Achei-o fascinante. Quando tentei ler os próprios livros de Set, não os achei particularmente interessantes, porém, todos os livros de Jane sobre sua busca de conhecimento eram estimulantes porque ela estava lutando com muitos dos problemas com que eu me debatia enquanto integrava a sombra na minha vida.[14]

Na mesma base de tempo, li um livro sobre a comunidade de Findhorn[15], que me encantou particularmente, embora, pelos padrões normais, o conteúdo fosse pura estupidez. Por exemplo, os fundadores de Findhorn falavam com os *elementais* (i. e., as entidades não-físicas que podem ser pensadas como a essência das plantas, das pedras e de tudo o mais que existe na realidade física). Eles perguntavam aos elementais que grãos deviam plantar, como cultivá-los, quando colher, etc. Totalmente malucas, exceto se plantadas em algumas das piores terras de cultivo na face do planeta, as plantações cresciam assustadoramente em condições impossíveis; e. g., repolhos de vinte quilos, brócolis de trinta quilos, delfínios de dois metros e meio e rosas que floresciam na neve.

No livro, outro homem via Pã e com ele conversava (sim, o deus Pã), além de falar com fadas, dríades, etc.; no entanto, peguei-me acreditando até mesmo nas mais loucas afirmativas porque gostava tanto das pessoas que sabia que elas não podiam mentir. Ou talvez eu devesse dizer que acreditava e não acreditava ao mesmo tempo... um expediente útil quando se está às voltas com aspectos estranhos da realidade. Em busca de mais livros de Jane Roberts, fui a uma livraria local especializada em livros da nova era. Quando paguei pelos livros no caixa, o vendedor perguntou-me se eu estava interessado em canais. Quando eu disse que estava, ele disse que não encontrara muitos canais bons, mas que conhecia um bom. Será que eu estaria interessado? Eu estava, de modo que ele me deu o nome e o número de telefone de um homem que canalizava uma entidade que chamarei de Zenão. Fiz contato com o homem — vamos chamá-lo de Ted — e combinei que freqüentaria semanalmente uma sala de aula em que Zenão era o professor.

A primeira (e última) sessão foi uma verdadeira experiência. Jamais entendi exatamente o que Zenão era. Aquela classe já existia há algum tempo, de modo que todos, exceto eu mesmo, sabiam tudo sobre Zenão. Acho que ele afirmava que era um ser que vivia em muitas dimensões do espaço e do tempo ao mesmo tempo, mas isso não é importante; quaisquer que fossem as suas origens, Zenão era uma viagem! O tópico da aula que eu freqüentava era a "culpa". Basicamente, Zenão dizia que todas as emoções são apenas formas de energia, e que a culpa é um desperdício de energia. Nunca houve nenhuma situação em que a culpa tivesse um objetivo positivo. Algo assim. Essas idéias eram exageradas, mas obviamente eram úteis para a maioria dos que estavam presentes. Mais interessante do que o que Zenão falava era a sua capacidade de manipular a energia.

Ted, um ex-advogado (pelo menos, ele disse que era um ex-advogado), ganhava a vida na ocasião como um "conselheiro médium". Enquanto tentava ao máximo parecer talhado para a função de vidente místico, Ted era basicamente uma pessoa silenciosa, moderada, com muitos conhecimentos caracteristicamente ocultos. Não, Ted não era nada especial; já vimos dezenas de Teds. Zenão, por outro lado, transpirava poder. A certa altura, quando Zenão estivera dizendo que as emoções eram tão-só energia e que estavam totalmente sob o nosso controle, uma jovem afirmou que ela não tinha nenhum controle sobre suas emoções, e não entendia o que ele queria dizer ao afirmar que as emoções eram energia. Zenão então fez alguns "truques" com a energia. Dobrou os indicadores, fazendo pequenos círculos com eles em torno um do outro e na frente da jovem. Ela começou a ficar bastante confusa. Então, ele parou o movimento e ordenou que ela "parasse". Ela voltou a perceber as coisas de modo claro. As pessoas em ambos os lados da mulher também ficaram confusas. Eu estava bem longe, de forma que só senti uma sensação de "formigamento" divertida. Zenão então fez a energia se elevar e baixar no ambiente. Quando ele voltou as palmas das mãos para cima e as ergueu, todos nos sentimos cheios de energia. Quando voltou as palmas para baixo e abaixou as mãos, a energia escoou-se novamente.

Diversas vezes durante a noite, quando ele percebeu que o nível energético caía, ele o fez aumentar de novo. Eu sentia isso tão claramente que era como se ele estivesse abrindo uma torneira. De fato, eu diria que sentia a energia num grau maior do que os outros. Depois da aula, todos receberam uma refeição leve. Eu conversei com Ted e com a mulher dele, dizendo-lhes o quanto eu estava animado com o modo como Zenão usava a energia. Disse-lhes de que forma eu fizera coisa semelhante, embora mais simples, ao trabalhar com pacientes esquizofrênicos. Ambos me deram alguns olhares esquisitos; obviamente, eu não era um estudante típico como os que eles tinham. Quando cheguei em casa e, euforicamente, falei à minha mulher sobre a noite, ela disse que podia sentir a energia irradiando-se de mim quando transpus a porta.

Na semana seguinte, cheguei no momento em que achei que supostamente devíamos chegar, mas, conforme descobri, havia chegado meia hora mais cedo. Subi diretamente para o apartamento deles e toquei a campainha. Ouvi ruídos que pareciam os de Ted e sua mulher brigando, ruídos que pararam quando toquei a campainha. Ted apareceu à porta e disse rudemente: "O senhor está adiantado, volte em meia hora." Saí e pus-me a esperar enquanto os outros vinham chegando. Depois de algum tempo, subi pelas escadas de novo com duas das mulheres. Ted abriu a porta e delicadamente cumprimentou as mulheres com abraços e beijos e palavras afáveis. Ele me pediu que esperasse um minuto, depois fechou a porta na minha cara. Depois de alguns minutos ele voltou e me deu os 75 dólares que eu pagara pelas cinco sessões. Ele falou: "Não gosto das suas vibrações, não quero o senhor aqui. Eis o seu dinheiro de volta." Fiquei chocado e disse, na falta de algo melhor: "O senhor deveria aceitar pelo menos os quinze dólares pela sessão da qual eu participei." Ele os aceitou e depois voltou a fechar a porta, quase pondo-a abaixo. Fiquei chocado.

De volta para casa, examinei meu comportamento para ver se eu fizera algo ofensivo, se eu dera motivo para ser acusado de ter "vibrações ruins". Depois que remoí esse pensamento, tive a certeza de que era Ted quem tinha o problema, não eu. Pensei sobre sua reação para comigo, tanto na semana anterior como nessa semana, no momento em que eu estava à porta. Depois de encaixar pequeninos sinais, surpreendi-me ao compreender que Ted tinha medo de mim; eu estava do lado de fora da sua experiência e isso o assustava. Que graça! Alguma coisa de poder espantoso falava através dele e ele tinha medo de mim.

Isso me fez começar a pensar mais sobre a natureza da canalização. Lendo Jane Roberts, achei Set um tanto chato, mas a própria Jane fascinante. Era o oposto do que aconteceu com Ted ou Zenão. Ted era uma pessoa de consideráveis habilidades comuns, e era provavelmente um tanto nervoso, como foi evidenciado pela sua reação para comigo; mas Zenão era alguém com um poder notável, com muito mais poder do que o que eu percebi latente em Ted. De onde vinham essas capacidades?

Já aprendemos bastante sobre personalidades interiores neste capítulo. Na nossa abordagem do livro *Da Índia ao Planeta Marte*, de Flournoy, vimos como este foi capaz de explicar até as criações mais complexas levadas a efeito pela médium Hélenè Smith por meio da criptomnésia. E lembre-se da afirmação de Frederick Myers de que "o *self* em estado de semivigília é desprovido de todas as características pessoais, ele é pessoal e impessoal ao mesmo tempo... assume indiferentemente todos os tipos de caráter e de pessoa, pois que não tem nenhuma individualidade". Convém aceitar essas possibilidades de modo abstrato; sentir o poder de uma personalidade como a de Zenão, do modo como eu a senti, também é uma experiência diferente. Como veremos posteriormente, trata-se ainda de um outro nível para se viver semelhante personalidade em si mesmo.

## Canalizando Jung: nada é sagrado?

*Se somos seres múltiplos, logremos as vantagens da nossa multiplicidade*

— Frederick Myers[16]

Quase dois anos depois, tive uma experiência com outro canal, embora não diretamente. Cheguei em casa certa noite de sexta-feira e descobri uma mensagem intrigante na minha secretária eletrônica. Um homem com um forte sotaque alemão disse que sua mulher canalizava C. G. Jung. Ele trouxera o videocassete de uma sessão realizada na TV suíça. Ele já havia mostrado o vídeo no Jung Institute de Los Angeles. Alguém lá lhe dera o meu nome como sendo o de uma pessoa que poderia estar interessada. De vez que ele tinha de deixar Los Angeles no dia seguinte, ele perguntou se eu gostaria de vê-lo naquela noite. Como poderia eu declinar de um convite tão intrigante? Lendo nas entrelinhas, supus que sua recepção no Jung Institute fora menos do que entusiástica, e ele estava esperando encontrar alguém mais receptivo.

No telefone, Rene dera a impressão de um homem na casa dos sessenta. Imagino que fiquei confuso por causa do sotaque, porque o homem que encontrei parecia um homem na casa dos trinta (embora, na verdade, tivesse quarenta). Ele foi encantador e franco à proporção que me falou de uma série de fatos inacreditáveis que o haviam levado primeiro a encontrar sua mulher, Mirabelle, e então a levaram a se tornar um canal, primeiro para o filho deles que ainda não havia nascido, depois para Jung. O vídeo de Mirabelle canalizando Jung era fascinante. Nele, ela se sentava, envolvida num cobertor, tendo à esquerda Rene e à direita, como não podia deixar de ser, um entrevistador suíço. Ela entrava em transe facilmente e Rene dava início às perguntas da parte do entrevistador. Este era cauteloso ao perguntar sobre Jung, e as perguntas eram sensatas. O entrevistador prosseguia por quase uma hora até que Jung (sic) dava o sinal de que era hora de a entrevista terminar.

Posteriormente, quando Rene e eu falamos sobre isso, ele me disse que Mirabelle era um "canal consciente"; ou seja, ela estava ciente de tudo o que Jung dizia à proporção que lhe canalizava as palavras. Jung insistira nisso, Rene me disse; Jung disse que anteriormente fora canalizado por médiuns inconscientes e descobrira que a experiência havia sido insatisfatória. Isso era muito significativo para mim. Quando Jane Roberts canalizava Set, ela era descrita como tornando-se uma pessoa diferente, com voz e personalidade diferentes, etc.; quando Ted canalizava Zenão na minha presença, era como se uma personalidade totalmente diversa e de imenso poder tivesse entrado na sala. Em comparação, quando Mirabelle canalizava Jung, sua voz continuava a ser a voz de uma jovem.

Ela falava pausadamente, às vezes contorcendo o rosto em ligeiro esforço, como se ela se tivesse concentrando para ler algo numa tela interior difícil de ver, ou cujas palavras, que ela mal ouvia, fossem difíceis de traduzir. A altura de sua voz se elevava ou abaixava muito pouco, e as pausas nada tinham que ver com as mensagens que iam chegando. Era mais como se ela fizesse pausas quando necessitasse de ar, embora isso pudesse se dar no meio de um parágrafo ou até no meio de uma sentença. Eu não podia imaginar alguém ditando conscientemente algo daquela forma sem uma quantidade inusitada de prática. As próprias mensagens eram um estranho amálgama de pensamento junguiano, a par de um tipo de filosofia da nova era genérica e canalizada, que se repetia diversas vezes, sobretudo nos canais inferiores. Termos freudianos como "regressão", raramente usados nos escritos de Jung, foram utilizados extensivamente; no entanto, por mais interessante que pareça, a filosofia expressa era mormente junguiana. Um dos exemplos mais fascinantes ocorreu no início da entrevista. Quando o entrevistador perguntou a Jung o que ele pensava sobre estar aparecendo na TV, Jung, em vez de responder diretamente, valeu-se do filme e da projeção como uma metáfora que ele estendeu em grande proporção numa análise geral da natureza da realidade. As idéias expressas nessa grande metáfora, enquanto em total harmonia com as idéias de Jung e belamente desenvolvidas de um modo que eu jamais vira em nenhum lugar de suas obras completas, foram apresentadas de maneira totalmente diferente dos modos de apresentação comuns em Jung.

Ainda mais longe do Jung dos escritos estava a canalização da aceitação explícita de Jung de posições que ele descartou em sua obra; por exemplo, o Jung canalizado aceitava literalmente a encarnação; contudo, ele foi muito menos explícito ao responder a uma pergunta quanto a se ele era o mesmo Jung que havíamos conhecido como entidade viva. Então ele deu uma resposta brilhante que não seria de todo indigna de Jung. A entrevista inteira foi um misto desses comentários prováveis e improváveis, triviais e iluminadores. Certamente, não se tratava do Jung que eu conheço dos escritos e dos filmes que vi, porém havia idéias das quais o próprio Jung não se envergonharia, idéias originais. Algo de especial interesse nesse contexto foi que Rene depois me disse que nem ele nem Mirabelle haviam lido nada de Jung antes de Mirabelle o canalizar. A exemplo de Jane Roberts e Set, a canalização prosseguira por algum tempo antes que Jung se identificasse como Jung.

Isso é o tipo de coisa que é preciso ou pôr de lado como uma fraude (e houve muitas fraudes na história dos médiuns espiritualistas e dos modernos canais), ou aceitar que de alguma forma, pessoas que conhecem pouco ou nada de Jung são capazes de canalizar informações que condizem com Jung. Aceitei a verdade da afirmação de Rene, primeiro porque ele parecia uma pessoa franca (até inocente); em segundo lugar, ele positivamente não era uma pessoa livresca nem, a julgar pelo que disse de Mirabelle, ela não parecia ter mergulhado fundo em Jung. E, evidentemente, se tivessem feito isso, Mirabelle dificilmente teria canalizado tantas frases não-junguianas. Em terceiro lugar, se Rene e Mirabelle fossem impostores que só tivessem aprendido algumas frases simples e de efeito da psicologia junguiana, isso explicaria a estranha mistura de linguagem junguiana e freudiana; porém, então, como explicar a extrema complexidade e sutileza de algumas das explanações? Não, receio que negar a honestidade do processo de canalização leva a mais e não a menos explanações complexas.

A pessoa é obrigada a aceitar que temos acesso dentro de nós a informações capazes de transcender nossas capacidades conscientes normais (lembra-se da função transcendente de Jung?); contudo, essa voz interior (ou vozes) também é capaz de liberar idiotices que jamais aceitaremos conscientemente, a não ser que julgássemos estivessem vindo de algum poder superior independente de nós. Podemos pôr de lado a nossa personalidade consciente de maneira total, e deixar que as vozes interiores assumam pleno comando, do modo como Jane Roberts fez com Set e Ted com Zenão, ou podemos partilhar a consciência, do modo como Mirabelle fez com Jung. Será conveniente ter em mente essa complexidade sempre que estivermos às voltas com a sombra em suas variadas manifestações, e sobretudo na Imaginação Ativa, que é o tópico final deste capítulo.[17]

## Imaginação ativa: falando com a sombra

*O maior uso da imaginação ativa realmente é nos colocar — como o fazedor de chuva — em harmonia com o Tao de modo que as coisas certas possam acontecer em torno de nós, em lugar das erradas.*

— Barbara Hannah[18]

Barbara Hannah foi uma das primeiras analistas junguianas, bem como biógrafa de Jung. O "fazedor de chuvas" a que ela se refere é tirado de uma história que Jung adorava contar, história que ele sugeriu que Barbara usasse toda vez que ela desse uma palestra ou um seminário sobre psicologia junguiana. Jung disse que seu amigo Richard Wilhelm — o tradutor do *I Ching** e de *The Secret of the Golden Flower* — por sua vez disse a ele que a história era verdadeiramente uma experiência pessoal com um fazedor de chuva chinês.

Wilhelm estava visitando um povoado devastado por uma seca. Em desespero, os aldeões partiram em busca de um fazedor de chuva. Quando este chegou, pediu que lhe dessem uma cabaninha à entrada da cidade onde pudesse viver.

Depois, ele entrou na cabana e não saiu de lá por três dias. No dia seguinte, não só choveu, como também começou a nevar, para grande alegria dos aldeões. Enquanto o povo da aldeia se precipitava em júbilo, Wilhelm perguntou ao sacerdote como ele trouxera a chuva. O sacerdote disse que, quando chegou ao povoado, sentiu que ele estava "fora do Tao"; ou seja, achava-se emocionalmente perturbado, sem centro. Isso o fez sentir-se "fora do Tao" igualmente. Assim, ele se retirou para a cabana até entrar de novo "no Tao". Quando o conseguiu, a neve chegou.[19]

A sombra se manifesta em nossa vida quando estamos fora do Tao. A posição do nosso ego consciente não se qualifica mais como um centro. Em vez disso, vemo-nos atraídos entre seus valores e um novo conjunto de valores inconscientes que se formam em torno da

---

* Publicado pela Editora Pensamento, São Paulo, 1983.

sombra. Já vimos como esses valores se personificam e aparecem em nossos sonhos. Na medida em que fazemos uma tentativa de lembrar esses sonhos, de registrá-los e de tentar nos envolver com eles (não direi tentar figurar o que eles significam, porque isso não é tão importante), começamos um diálogo com o inconsciente que pode posteriormente nos reconciliar com a sombra; mas há uma outra forma: a imaginação ativa.

A imaginação ativa é o processo de dialogar conscientemente com o nosso inconsciente. Há muitas formas de fazer isso e quem quer que comece o processo posteriormente tenta muitos métodos; mas dois em particular, que poderíamos chamar de visual e oral, são úteis. Em qualquer caso, a pessoa deveria ritualizar o processo de alguma forma a fim de o colocar fora da vida normal. Isso é importante porque essencialmente você irá entrar num estado alterado de consciência, um estado que será único para a sua versão particular de imaginação ativa.

*À guisa de exemplo paralelo de como uma pessoa pode ritualizar estados alterados para bom efeito, o famoso hipnoterapeuta Milton Erickson tinha duas salas em que ele dirigia sessões de hipnoterapia. Numa delas, ele ensinava ao paciente como entrar em transe e como aprofundar e explorar o estado de transe. Só quando o paciente se sentia à vontade com todos os aspectos do estado de transe é que Erickson usava o transe para ajudar a fazer mudanças no comportamento do paciente. Nesses momentos, Erickson dirigia a sessão na outra sala. Desse modo, o paciente associava inconscientemente a primeira sala com a aprendizagem sobre o transe, e a segunda sala com a criação de mudanças em sua vida. Obviamente, Erickson usava muitos outros métodos sutis para realizar a mesma coisa: tocar os pacientes em algum lugar particular no momento da mudança, para que o ato de tocá-los no mesmo lugar no corpo de novo os levasse de volta ao estado associado com a mudança; mudar o tom ou a altura da voz para reforçar a mudança, etc.*

Em qualquer caso, pelo menos no início, você deveria estabelecer algum ritual próprio para realizar a imaginação ativa. Você pode se retirar para uma sala especial, diminuir a intensidade das luzes, relaxar, tudo o que lhe pareça propício. Um método simples é apenas sentar-se confortavelmente, fechar os olhos por um momento, respirar fundo e deixar o ar sair. Então, volte a atenção para diferentes partes do corpo, ou seja, tome consciência dos pés, depois talvez dos braços, então da cabeça. Quando você sentir que pode deslocar de pronto a consciência para qualquer lugar do corpo, abra os olhos e comece a imaginação ativa.

Use algo antes produzido pelo inconsciente como ponto de partida; por exemplo, um sonho da sombra no qual você esteve presente. Na técnica visual, deixe-se levar de volta à deriva ao cenário do sonho, até que possa vê-lo com os olhos da mente. Depois, deixe que o sonho se desenvolva, exceto que agora, em vez de o sonho lhe determinar as ações, é você quem determina o que faz. Você não deveria tentar controlar o próprio sonho — de qualquer forma, descobrirá que isso é impossível — mas apenas o modo como age no sonho.

Você deveria tentar se comportar de uma maneira que seria apropriada se o sonho estivesse verdadeiramente acontecendo. Num sonho, se o seu comportamento é impróprio para a situação, isso é uma indicação de que há um problema com que você ainda não está às voltas na sua vida. Por exemplo, se alguém por quem você se preocupa é ameaçado num sonho, e se você observa o fato, não obstante isso, de modo desapaixonado, algo normalmente deve estar errado. (Digo normalmente porque não há absolutos no trato com o inconsciente; para qualquer regra que eu pudesse criar, eu poderia achar exceções.) Evidentemente, o seu sentido de apropriado ou de impróprio pode variar à medida que você avança no reconhecimento do direito por parte da sombra quanto aos valores dela. Na imaginação ativa, você tem a possibilidade de induzir a si mesmo quanto a um comportamento apropriado que poderia levar muito mais tempo para acontecer se você deixasse o problema entregue aos sonhos ou às evidências da vida real por meio da projeção (ver o próximo capítulo para mais informações sobre projeção).

Posteriormente (ou até durante a imaginação ativa), você deverá registrar o que transpirou de modo que possa passá-lo em revista mais tarde, assim como faria com um sonho. Você pode fazer isso com um gravador ou com o teclado do computador, se isso não o distrair, ou pode fazê-lo simplesmente com papel e lápis. Se usar um gravador, deverá posteriormente transcrever as palavras para a forma escrita.

Antes que passemos ao método oral, eu gostaria de enfatizar que todos os detalhes que mencionei anteriormente, ao analisar a técnica visual, poderia ser falso no seu caso particular. Uma das principais razões por que algumas pessoas realizam a imaginação ativa visualmente e outras oralmente é que elas variam em seus principais sistemas de representação interior, ou seja, algumas podem visualizar quase tudo prontamente, outras quase nada. Algumas pessoas podem de imediato manter um diálogo em sua mente, outras acham isso impossível. Outras ainda (estou entre elas) são fundamentalmente cinestésicas, isto é, sentem as coisas no corpo. Não sou bom em visualização, e normalmente não repasso às coisas em minha cabeça. Em vez disso, meu corpo sente se algo está certo ou errado, e reações corporais sutis determinam como eu procedo com os outros. Porquanto a maior parte de nós admita que todos devem ter a experiência da realidade da mesma forma que nós a temos, essas diferenças nos sistemas de representação podem causar dificuldades extremas na comunicação. Infelizmente, a maioria dos sistemas que professam métodos para ativar e aumentar estados alterados da consciência ignora essas diferenças e normalmente presume uma orientação visual. Alguns junguianos, por exemplo, verdadeiramente admitem que o método visual é superior a outros métodos (em grande parte porque esse é o método usado pelo próprio Jung, que era extraordinariamente visual); mas esse não é o caso.

*A Programação Neurolingüística (PNL) tem um método simples mas eficaz para determinar se alguém que você está observando processa informações visual, oral ou cinestesicamente. Se os olhos dessas pessoas se movem para cima e para cada lado ou ficam desfocados e imó-*

*veis, elas estão visualizando; se os olhos se movem para os lados, elas estão ouvindo; se os olhos se movem para baixo, estão sentindo. Se são destras, normalmente um movimento para a esquerda significa que elas estão se lembrando de algo que viveram antes; para a direita, estão formando uma visão ou um som ou um sentimento corporal (incluindo o olfato ou o paladar) na cabeça. Por exemplo, os olhos que se voltam para cima e para a direita são uma indicação de que essas pessoas estão construindo uma imagem visual na mente. Se para a esquerda, essas pessoas estão ouvindo algo que já ouviram. Se os olhos se movem para baixo e para a esquerda, estão recordando alguma sensação física.*[20]

Porém, mesmo que você seja "visual", há milhares de formas pelas quais você pode realizar a imaginação ativa. Jung era realmente capaz de ver personagens fantásticas na frente dele, como se elas na verdade estivessem ali. Outros podem fechar os olhos e ver a fantasia desdobrar-se interiormente. Vez ou outra, você talvez não seja capaz de ver algo claramente, mas, não obstante, você tem certa percepção do que está acontecendo, o que antecipa a ação até que você possa ver uma vez mais alguma coisa. Há muitas variações possíveis.

Na técnica oral, você mantém um diálogo com uma figura do sonho (ou com múltiplas figuras do sonho) assim como manteria com alguém na vida normal. Por exemplo, você pode pegar alguma figura do sonho a quem achasse particularmente repugnante ou assustadora, e dialogar com ela. Pode verdadeiramente fazer isso a viva voz; se assim for, poderá achar as técnicas da terapia da Gestalt[21] úteis no começo. Por exemplo, coloque duas cadeiras uma de frente para a outra. Sente-se em uma e volte-se para a figura do sonho. Depois, passe à outra cadeira, torne-se a figura do sonho e veja o que ela tem para dizer. Desloque-se para a frente e para trás entre as cadeiras à proporção que fala. A princípio, você pode se sentir ridículo, mas leva muito pouco tempo para que esse sentimento passe e o diálogo se torne real. Essa é uma técnica originariamente desenvolvida por Fritz Perls, o fundador da teoria da Gestalt. Uma vez mais, há muitas variações sobre esse tema.

De maneira mais prosaica (e, provavelmente, a maneira mais passível de ser usada pela maioria de vocês), é possível digitar no teclado de um computador, ou usar um bloco de papel e um lápis, para registrar um diálogo à proporção que ele acontece. Se você se volta fortemente à oralidade, você pode na verdade ouvir o diálogo na cabeça à medida que prossegue. Se, como eu, você é cinestésico, é mais provável que você ache que o diálogo vem à luz sem quaisquer sons que intervenham na sua cabeça. Já que os sistemas de representação às vezes se fundem interiormente, essas distinções não são importantes e de maneira nenhuma deveriam ser consideradas para se determinar se você está realmente recorrendo à imaginação ativa ou simplesmente falseando-a, como é a opinião dos psicólogos mais céticos que trabalham com hipnotismo e com outros estados alterados da consciência.[22]

O que é importante é que você dê rédea solta, sem nenhuma forma de censura, ao que aflora do inconsciente. Você leva a sério o que ele diz e responde tão francamente quanto se estivesse às voltas com uma pessoa real. A analista junguiana Janet Dallett enfatiza que:

> *Uma vez que a voz do inconsciente ganhou forma, o ego pode depará-la. É só a partir desse momento que podemos falar legitimamente do processo como imaginação ativa, e é só então que a personalidade pode ser profundamente alterada por ela.*[23]

Esse é o degrau que separa a imaginação ativa da canalização, do modo como analisamos isso no caso de Ted canalizando Zenão e no de Mirabelle canalizando Jung. Ted e Zenão eram duas personalidades separadas que simplesmente partilhavam o tempo ao habitar um único corpo. Talvez Mirabelle possa ter lucrado com sua canalização de Jung, de vez que pelo menos ela estava consciente do que estava dizendo enquanto canalizava Jung; no entanto, ainda assim ela nunca se envolveu ativamente com o Jung dentro dela. Essa necessidade de sustentar o nosso lado da discussão é importante porque o inconsciente por força não tem todas as respostas. Temos de ser como Jacó, dispostos a nos agarrar aos estranhos que deparamos e não aceitar nem repelir suas palavras de maneira cega.

Embora os sonhos sejam excelentes fontes de material para a imaginação ativa, eles não são as únicas possibilidades. Eles podem se valer de um estado de espírito, de um elemento da fantasia, de qualquer coisa que aflore do seu inconsciente, e usar esse algo como o início para a imaginação ativa.

> *Por exemplo, certa vez, eu estava sentindo uma profunda tristeza, de forma que eu tive momentos de imaginação ativa com a minha tristeza. Entre muitas coisas sensatas que ela me disse estava a idéia de que o meu chakra do coração estava se abrindo inteiramente a outro nível, assim como certa vez se abriu quando eu estava vendo pela primeira vez os pacientes. Apenas essa vez, os chakras superiores estavam se abrindo inteiramente. Eis por que eu estava sentindo tanto sofrimento. A consciência de que a minha tristeza tinha um sentido e um objetivo tornaram-na sagrada; parei de me sentir como um animal acuado. A vida aos poucos recomeçou, para se tornar uma vez mais proveitosa e complexa.*

Você pode até construir um sistema de antemão, em que a imaginação ativa ocorra. Por exemplo, quando estudei a magia cerimonial do Ocidente, tomei conhecimento de um sistema de organização baseado em torno da Árvore da Vida Cabalística, que apresenta dez pontos de ligação (chamados sefira) unidos por 22 caminhos. Há um complexo sistema de associações — incluindo cores, cartas do tarô, etc. — para cada sefiroth e para cada caminho. Uma pessoa realiza "o caminho da senda" provocando um estado alterado (aqui, a meditação é um bom método) ocupando-se depois de um sefiroth particular ou caminho na árvore em que entrar (por vezes, visualizando uma porta que se possa abrir). Em virtude da teia de associações que você já aprendeu com respeito a cada sefiroth e caminho, o inconsciente tem um rico estofo com que trabalhar na construção de um mundo que você pode então observar e com que pode atuar. À proporção que você palmilha diversos caminhos por meio dessa técnica, eles compõem uma intrincada teia composta de suas próprias associações particulares, que em última análise definem uma Árvore da Vida única para você; mas observe que isso pode ser meramente um exercício passivo, se você estiver satisfeito com observar sem agir conjuntamente. É a combinação da observação do que o inconsciente produz, aliada ao envolvimento consciente, que a tornam imaginação ativa.

Como outro exemplo, o psicólogo Stephen Gallegos tem um sistema desenvolvido por ele mesmo que envolve o imaginário animal. Ele sente que cada um de nós tem animais de poder associados com cada chakra no nosso corpo. No seu sistema, abordamos cada um de nossos chakras sucessivamente, pedindo ao animal que se identifique, e depois visualizamos cada um e dialogamos com um de cada vez ou em combinação. Seu livro, *The Personal Totem Pole: Animal Imagery, the Chakras, and Psychotherapy*, contém histórias excelentes de transformação com o uso desse sistema.[24]

Estou certo de que Jung teria acolhido favoravelmente o sistema do doutor Gallegos. Jung sentia que a própria terra tem uma influência formadora sobre o inconsciente. Por causa disso, todos os americanos têm símbolos ameríndios americanos enterrados no fundo de sua psique.[25] E os animais de poder estão engastados na cultura de muitas tribos ameríndias.

*Embora eu nunca tenha usado o sistema do doutor Gallegos, tive diversas indicações por parte do inconsciente de que ele gosta de usar os animais de poder como símbolos, até mesmo símbolos explícitos para os chakras. Num período em que eu me sentia sob enorme tensão, tive um sonho em que eu estava guiando por um trecho deserto de uma estrada. Bem à frente, vi três lobos na estrada. À proporção que eu observava, para minha alegria, um dos lobos verdadeiramente se pôs de cabeça para baixo. Posteriormente, pensando sobre o sonho, concluí que se o lobo procurava tanto chamar a minha atenção, a ponto de se pôr de cabeça para baixo, a melhor coisa que eu tinha a fazer era conversar com ele. Assim, realizei a imaginação ativa com o lobo. Ele me disse que aparecera porque já era tempo de que ele se tornasse o meu animal de poder, em vez do falcão, que fora o meu animal de poder por muitos anos. Meus problemas se deviam ao fato de eu ser tão "lobo solitário" e que já era tempo de voltar de novo para a alcatéia. Ele enfatizou que com isso eu não perderia a minha individualidade, que cada lobo, embora membro de uma alcatéia, era também um indivíduo. No decorrer dos anos seguintes, fiz um esforço consciente para me enquadrar na alcatéia em diversos cenários diferentes. Enquanto eu fazia isso, embora a minha vida se tornasse mais atarefada do que antes, a sensação de viver sob pressão aos poucos diminuiu. Fui capaz de partilhar a responsabilidade com os outros, em vez de sentir que eu sempre devia viver só.*

Essas versões mais estruturadas da imaginação ativa raramente são mencionadas por junguianos, e é uma vergonha que não sejam. Um dos perigos da imaginação ativa é que se pode ir além do que se pode compreender muito mais depressa do que com o trabalho do sonho. As figuras que você depara na imaginação ativa normalmente são aspectos personificados de sua própria personalidade. Como tais, a pessoa pode envolver-se com elas tanto quanto se envolveria com pessoas na vida exterior; mas a própria sombra é apenas parcialmente composta de elementos subdesenvolvidos de sua própria personalidade; ela apresenta um aspecto igualmente coletivo. Pode ligar-se a energias divinas (ou demoníacas) capazes de deixar perplexa a pessoa que não esteja preparada para tanto. Na maioria das vezes, isso assume a forma da *inflação*, ou seja, a pessoa literalmente infla com a energia. Admitimos que as energias sobre-humanas que estamos sentindo nos pertencem, que fazem parte da nossa personalidade e que nós mesmos somos divinos. Se a personalidade de alguém não é segura, é até mesmo passível que ela seja possuída, ativando um estado psicótico. Jung afirma que às vezes "o conteúdo subliminar já traz em si tanta energia, que, quando encontra uma válvula de escape por parte da imaginação ativa, esse conteúdo pode fortalecer em excesso a mente consciente e tomar posse da personalidade".[26]

*Eu costumava testemunhar isso muitas vezes quando trabalhava com pacientes com perturbações graves num sanatório. Evidentemente, eles não estavam realizando a imaginação ativa. Por vezes, ouviam vozes; falavam sobre "vozes boas" e "vozes más", e tinham pouca dificuldade para concluir o que era o que; porém, saber que vozes eram boas ou más não os ajudava a lidar com elas. De vez em quando, as figuras do inconsciente que produziam as vozes afloravam à superfície de sua volição e assumiam o comando. Em um caso, essa era uma presença demoníaca que por vezes dizia ao paciente para se exaltar, o que equivalia a fazer com que esse paciente ficasse à sua mercê. Uma outra pessoa se envolvia num diálogo com suas vozes, de modo bem parecido ao que analisamos quanto à imaginação ativa. Infelizmente, nesses momentos, ele se convencia de que a personalidade interior era verdadeiramente uma pessoa do mundo exterior.*

A possessão, com muito pouca probabilidade, é a conseqüência, a não ser que a pessoa já esteja lutando para reter a própria identidade. Na medida em que "ativamente" (e enfatizo o "ativo") participamos do intercâmbio com o inconsciente, até a inflação é menos passível de ocorrer. Não obstante, nós nos tornaremos inflados muitas vezes com o decorrer de qualquer sistema de desenvolvimento espiritual. Sua contrapartida igual e oposta é a *depressão*, uma vez mais uma descrição literal porque a energia de que uma pessoa normalmente dispõe é premida e impelida para o inconsciente. O ciclo da inflação e da depressão é inevitável quando se abre um canal para o inconsciente; a chave é reconhecer tão logo quanto possível que estamos nos tornando ou inflados ou deprimidos. Quando fazemos isso, por vezes o próprio reconhecimento basta para que encontremos o nosso centro uma vez mais. Se não, é eficaz para plantarmos os pés nas atividades cotidianas, sobretudo as que envolvem esforço físico ou as que implicam pormenores que requerem total atenção.

Não quero deixar o leitor com a impressão de que deparar forças sobre-humanas na psique é de todo negativo. No século V, o filósofo neoplatônico Proclo disse que o pensamento contemplativo não era suficiente por si mesmo para a iluminação; ele tinha de se unir à *teurgia*. Esta era o ritual do contato com os deuses, permitindo que um deus em particular nos possua por pouco tempo. Isso é semelhante aos ritos religiosos das religiões africanas e pan-africanas tais como santería, vodu, orixá, lucumi, etc. Nessas tradições, muitas dessas figuras se caracterizariam como personificações da sombra, mas uma sombra tão desenvolvida e poderosa que chega a ter poderes divinos; contudo, essas figuras são veneradas e respeitadas, em vez de temidas e insultadas. A teurgia "baseia-se na idéia de que, já que os deuses são a fonte de tudo, a natureza dos deuses está presente, refletida hierarquicamente, em símbolos e fenômenos naturais".[27] Como acontece com meus exercícios envolvendo caminhar pela senda, alguém como Proclo conhecia tantos aspectos dos deuses, que era capaz de entrar num estado alterado de consciência, fazendo com que a energia arquetípica do deus fluísse através dele.

Ora, Proclo pertenceu a uma época por demais antiga para compreender que os deuses são forças arquetípicas em nossas psiques e não seres físicos; mas somos seres psicológicos, cientes de que há um mundo em nós tão grande quanto o mundo que nos cerca, ou até maior do que ele. Quando a imaginação ativa nos faz deparar as personalidades coletivas claramente separadas de nós, somos capazes de conhecer forças e capacidades impossíveis de outra forma. Embora nunca devamos cair na armadilha de pensar que somos essa personalidade divina, pelo simples fato de que ela flui por pouco tempo através de nós, há uma parte de cada ser arquetípico que podemos integrar na nossa própria personalidade. Isso não é possível sem verdadeiramente ter a experiência do deus — ou da sombra.

Se você praticar bastante a imaginação ativa, poderá depois deparar uma figura de sabedoria e compaixão profundas. Essa é a figura que Jung chama de *Self* (que mencionamos brevemente no capítulo anterior e que analisaremos mais no Capítulo 6). Aqui, não há necessidade alguma de medo sobre tornar-se inflado com o poder que deparamos; ele claramente não é nosso. Tampouco precisamos nos preocupar com desconfiar de algo que ele nos possa dizer. Às vezes, sentiremos primeiro esse poder num sonho, quando uma voz nos disser algo, e soubermos que esse algo deve ser obedecido. A voz do *Self* é inequívoca num sonho e igualmente inequívoca na imaginação ativa. Quando semelhante figura aparece, você tem uma fonte de sabedoria quase infinita disponível para ajudá-lo durante o seu desenvolvimento. Até que ela apareça (e ela pode não aparecer jamais), a pessoa deverá lembrar-se de que a sombra, por repulsiva que pareça, é nosso primeiro pressentimento do *Self*.

> *Mesmo os que sofrem do Distúrbio da Personalidade Múltipla às vezes ainda têm um vínculo com o* Self *por meio de uma personalidade "racional, não raro madura e onisciente... O* self *interior que ajuda às vezes é um velho sábio ou um mestre que afirma ser cronologicamente mais velho do que a verdadeira idade do paciente". Quando essa figura está presente, ela às vezes abranda as atitudes mais nocivas das outras personalidades. Quando a figura do* Self *interior torna-se conhecida do terapeuta, ela às vezes "serve de guia para esse terapeuta e o paciente".*[28]

Quando o *Self* aparece diretamente, ou num sonho ou na imaginação ativa, trata-se de um momento inconfundível; mas não pense que a voz que você ouve é o *Self*. Há muitos embusteiros à espreita no inconsciente, com promessas de riqueza, fama e poder. A essa luz, lembre-se da história bíblica de Satã transportando Jesus por sobre a cidade, oferecendo-lhe tudo o que Ele pudesse ver. Deparar o *Self* é como apaixonar-se; você saberá quando acontecer. Quero advertir que é sensato lembrar que até o *Self* aflora da nossa psique. Enquanto ele está além da nossa capacidade de compreender, ele não é necessariamente Deus com "D" maiúsculo, tampouco deus, mas tão-só a única estrutura de que dispomos, através da qual podemos perceber a divindade.

Trabalhando em conformidade com os métodos estruturados tais como os dois que já mencionei (isto é, os animais de poder do chakra e o caminhar pela senda), você está menos predisposto a excessos de inflação e depressão do que simplesmente se envolvendo com figuras a partir do inconsciente. Como tais, esses métodos são particularmente úteis quando a pessoa está apenas começando a tentar a imaginação ativa. Mesmo na imaginação ativa normal não-estruturada, contudo, a pessoa pode compor estruturas de apoio, disponíveis quando necessário. Por exemplo, você pode perguntar às figuras na imaginação ativa se elas estarão propensas a protegê-lo dos agravos ou a informá-lo de quando houver perigo. Você pode estabelecer algumas advertências simples entre você e a figura do inconsciente — por exemplo, uma ação física, como uma contração espasmódica do seu braço — ou pode deixar simplesmente a figura interior usar sua imaginação (se isso não parecer um trocadilho impróprio, aqui).

Neste capítulo, desenvolvemos em certo grau o conceito de que cada um de nós possui componentes emocionais personificados. Trata-se, é claro, de um aspecto do nosso sistema de crenças quanto ao modo como encaramos essas figuras. Apresento-as como possibilidades para a mudança, quer apareçam em sonhos, quer em projeções (ver o próximo capítulo), quer na imaginação ativa. O importante é que temos de assumir a nossa própria responsabilidade ao lidar com essas figuras, sem nos submetermos automaticamente ao seu juízo.

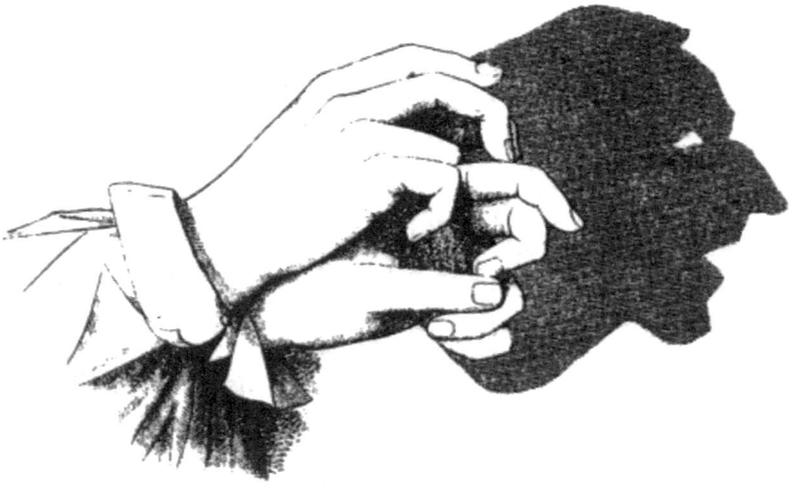

Figura 12

*As projeções mudam o mundo na réplica do rosto desconhecido de alguém.*

# 4

# O cisco no olho: projetando a sombra nos que estão à nossa volta

*...Não é o sujeito consciente mas o inconsciente que realiza a projeção. Portanto, a pessoa depara projeções, não as cria. O efeito da projeção é isolar o sujeito de seu ambiente, visto que, em vez de um relacionamento real com ela, agora há apenas um relacionamento ilusório. As projeções mudam o mundo na réplica do rosto desconhecido de alguém.*

— C. G. Jung[1]

Comumente, o que se fala sobre a projeção é muito pouco positivo; a citação acima, de Jung, é característica. Os críticos da projeção admitem que as pessoas caem vítimas da projeção, conformando para sempre o mundo às projeções que têm em vez de adaptar suas projeções ao mundo. Elas crêem que são como o ladrão Procusto da mitologia grega, que fazia suas vítimas se adaptarem ao leito dele, esticando-as se elas fossem por demais pequenas ou cortando-lhes os membros se fossem grandes demais. Posteriormente, Teseu impôs a mesmo punição a Procusto.

Lembre-se de que a projeção ocorre quando a consciência se recusa a reconhecer alguma expressão simbólica que está tentando aflorar do inconsciente. Posteriormente, a energia do símbolo é tão grande, que ela se lança no mundo físico.[2] Mesmo assim, a projeção é, dessa forma, uma tentativa criativa por parte da psique de resolver a tensão criada pelo problema da sombra (ou qualquer outra situação de impasse entre o consciente e o inconsciente). Em todos os relacionamentos, o inconsciente seleciona, de uma galeria quase infinita de figuras interiores, uma determinada personalidade que é escolhida para ser projetada a alguém no mundo exterior. Assim, quando conhecemos alguém pela primeira vez, a maior parte do que vemos é a projeção de uma figura que está dentro de nós. Quando conhecermos melhor a pessoa, nossa imagem interior se aproximará da semelhança com a pessoa real; mas estamos sempre projetando. O relacionamento é um processo ativo que envolve a transferência do nosso mundo interior para o exterior, não só uma pressão para dentro do mundo que nos cerca.

Essa já é uma diferença fundamental da visão tradicional do nosso relacionamento com o mundo exterior, em que somos vistos como receptores passivos dos estímulos sensoriais do mundo circundante. Os comportamentalistas radicais (e não há muitos deles) diriam que os estímulos levam automaticamente a reações sem nenhuma intervenção interior. A maioria dos psicólogos diria que nossa mente processa as informações que interpretamos do mundo exterior para chegar à reação máxima; mas a projeção presume algo bem diferente. Para que a projeção funcione, é preciso que tenhamos um modelo bastante desenvolvido do mundo dentro de nós (e não digo que esse seja necessariamente um modelo visual). Em vez de aceitarmos passivamente novos estímulos do mundo que nos cerca, projetamos continuamente nossas melhores suposições quanto ao que estamos prestes a deparar. Enquanto o estímulo não varia muito a partir do modelo interior, não temos de lidar com coisa nenhuma exceto com esse modelo interior. Quando nos defrontamos com algo que não quadra bem ao nosso modelo interior, nossa psique faz o máximo para projetar algo e depois luta para adaptar-se.

Assim, quando somos obrigados por forças interiores a projetar problemas emocionais no mundo exterior, isso é tão-somente a extensão de um processo natural que usamos em todos os nossos tipos de envolvimento com o mundo. Como veremos depois neste capítulo, quando analisarmos a percepção de maneira mais geral, esse modelo da dinâmica entre a realidade interior e exterior é a melhor hipótese atual da ciência de como verdadeiramente atuamos com o mundo.

Como vimos no capítulo anterior, quando não lidamos conscientemente com problemas emocionais, esses problemas reúnem experiências relacionadas em torno deles mesmos para formar complexos no inconsciente. Pelo fato de sermos seres humanos cuja vida emocional concentra-se em torno de outros seres humanos, é inevitável que esses complexos assumam a forma humana e, depois, tornem-se personalidades autônomas. Quando se formam, essas personalidades interiores aparecem em sonhos e fantasias, vestindo um sem-número de manifestações exteriores, que se adaptam à forma personificada sempre vaga e incipiente do complexo. Examinamos como podemos nos envolver conscientemente com essas figuras pela imaginação ativa; mas, se não fizermos essa tentativa por nós mesmos, a psique a fará; ela identifica alguém bastante parecido com o complexo personificado para ser capaz de vestir a identidade projetada. No Capítulo 1, dissemos que tem de haver um "engodo" na pessoa usando a projeção, "engodo" a que a projeção pode prender-se (embora talvez não se trate de uma adaptação particularmente boa).

Considere, porém, o que ocorreu: o problema emocional, abandonado no inconsciente, encontrou agora um modo de pôr-se à força diante de nossos olhos, onde não pode mais ser ignorado. No decorrer do acontecimento, ele traz consigo todas as emoções ligadas ao tal complexo. Mesmo que a consciência continue sem se dar conta do problema interior, agora ela depara o problema como um evento exterior com que é obrigada a lidar. Já que vemos a projeção em vez de a verdadeira pessoa vestindo a projeção, lidamos com o problema tão diretamente quanto lidaríamos num sonho. E, porque a estamos deparando no mundo exterior, há menos possibilidade de deixá-la de lado ou de intelectualizá-la, como poderíamos fazer com um "simples" sonho. E ela traz em si todo o fardo emocional do complexo, o que faz que as coisas aconteçam no mundo exterior.

O psicólogo Henry Reed pesquisou acerca das relações entre a intimidade e a psi.[3] Sua conclusão geral é que a assim chamada percepção extra-sensorial é, na verdade, uma extensão do processo normal de intimidade. Ou, para expressar de outro modo, nossa empatia por alguém pode facilmente fluir ainda mais para o território supostamente limitado à psicologia. O doutor Reed analisou isso em termos de uma "zona limítrofe", ou seja, o espaço que há entre duas (ou mais) pessoas. Em qualquer ação recíproca entre duas pessoas, sempre existe um lugar indistinto que não é uma nem a outra, algo novo formado pela ação conjunta de ambas. Todos sentimos nossa personalidade dissipar-se na zona limítrofe que se forma com um ente querido ou, igualmente, com alguém que desprezamos. É apenas nesse lugar fluido que reside a possibilidade da mudança. E a projeção é o primeiro passo rumo a essa zona limítrofe.

A projeção é a forma pela qual a psique se estende a alguém ou a algo novo. Jung afirma que "todo mundo cria para si mesmo uma série de relacionamentos mais ou menos imaginários baseados essencialmente na projeção".[4] Cada relacionamento novo — quer com uma pessoa, quer com um objeto ou com uma idéia — de certa forma envolve projeção. Para nos apaixonarmos temos de primeiro projetar nosso parceiro ideal em alguém no mundo. Essa é a única forma de gerar desejo suficiente para nos instar a um novo relacionamento. À proporção que o nosso amor progride, o inconsciente é obrigado a adaptar-se às diferenças entre a pessoa real e nosso ideal interior. Auspiciosamente, nossa projeção se modifica para se adaptar à pessoa em vez de a pessoa ser obrigada a se adaptar à projeção, como no leito de Procusto a que aludimos antes. À medida que vimos a conhecer mais a pessoa, se a adaptação é por demais discordante, a projeção se parte ao meio e o relacionamento se extingue. Se a adaptação é exata demais, podemos ter encontrado a nossa "cara-metade", porém não nos desenvolveremos com a ação conjunta, porque há pouca diferença entre a pessoa real e o estereótipo definido anteriormente. Quando, contudo, há uma tensão criativa entre a pessoa real e o símbolo que está sendo projetado, o crescimento ocorre. Como disse Jung, "Entendemos uma outra pessoa da mesma forma que entendemos, ou procuramos entender, a nós mesmos. O que não entendemos em nós mesmos também não entendemos na outra pessoa".[5] E essa necessidade de uma compreensão mais aprofundada de nós mesmos é, evidentemente, o motivo pelo qual a sombra aparece na nossa vida.

## *Projeção e percepção: histórias surpreendentes de animais*

> *A clara verdade é que nem no homem nem na fera os hemisférios são os órgãos virginais de que o nosso projeto os chamou. Muito longe de não terem organização no nascimento, eles devem ter tendências inatas para a reação de um tipo determinado. São as tendências que conhecemos como* emoções e instintos...
>
> — William James[6]

Talvez precisemos por um momento recuar dos problemas bem pessoais da sombra para pensar acerca da projeção como um processo fundamental da natureza. Toda percepção começa com a projeção do conteúdo arquetípico para o mundo físico. O inconsciente armazena e processa as percepções, formando complexos em torno dos arquétipos de modo tal que, com o correr do tempo, o complexo vem a ser projetado, em vez do arquétipo original. Assim, aprendemos a reconhecer a nossa mãe, o nosso pai, a nossa irmã e o nosso irmão, aprendemos a identificar de que alimentos gostamos e não gostamos, que brinquedos são mais divertidos e assim por diante, *ad infinitum*. Esse processo também não se restringe aos humanos. Na medida em que os animais são mais levados por seus instintos do que nós, é ainda mais provável que eles percebam o mundo em torno deles por meio de uma confusão de projeções instintivas e arquetípicas que os une com seus parentes, passados e presentes, num mundo unificado sem as distinções exteriores de tempo e lugar.

Do começo ao fim de muitos livros escritos pelo naturalista e guarda de zoológico Gerald Durrell, estão dispersas histórias assombrosas acerca das capacidades inatas dos animais. Várias dizem respeito à capacidade que os pássaros têm de construir ninhos intrincados. O pássaro-alfaiate, por exemplo, na verdade costura inteiramente o ninho, usando duas folhas, fios de algodão que recolhe de algum lugar desconhecido e usando o bico como agulha. Durrell observou um pássaro diferente — um pássaro-tecelão — tecendo o ninho num ramo flexível. Ele fazia uma cortina com filamentos da fibra da palmeira em torno do ramo, depois atava-os para formar uma tecedura, que aos poucos assumia o aspecto de um ninho. O ninho completo é tão forte que Durrell, usando toda a sua força, só pôde dividi-lo ao meio com grande esforço.[7] Esses pássaros já tinham de ter o conhecimento da construção do ninho armazenado neles mesmos do modo como foi armazenado em gerações anteriores à sua espécie. Quando chegou a hora de construir o ninho, esse profundo conhecimento instintivo — arquetípico — orientou-lhes totalmente o comportamento. Eles projetam cada passo do processo de construção do ninho no mundo exterior, descobrindo aquilo de que necessitam. Por exemplo, pode não se tratar exatamente de fios de algodão, porquanto eles poderiam achar algo totalmente diverso que também serviria. Tal é o poder da projeção.

Ainda mais notável é a história esplêndida que ele conta acerca das formigas vermelhas em guerra com uma colônia de formigas pretas — para roubar-lhes os ovos. Depois, as formigas vermelhas voltam para a sua própria colônia com os ovos roubados, chocam-nos e fazem escravas das formigas pretas recém-nascidas. Como observa Durrell, a estratégia de combate das formigas vermelhas é em cada aspecto tão complexa quanto a de uma guerra entre os homens. A exemplo destes, elas enviam à frente grupos de reconhecimento em busca de possíveis colônias para serem escravizadas. Quando essas colônias são encontradas, os grupos de reconhecimento voltam ao ninho para anunciar sua descoberta. Durante uma verdadeira batalha que Durrell observou, as formigas vermelhas usaram a técnica do "ataque pelos flancos" com êxito nas batalhas humanas no decorrer dos séculos. As formigas vermelhas avançavam sobre a colônia do inimigo, dividiam-se em três blocos, o bloco central atacando diretamente enquanto os outros dois cercavam a colônia. As formigas pretas viam-se tão ocupadas dando combate ao ataque frontal, que não percebiam o perigo até que fosse tarde demais e o cerco fosse completo. Essa era a mesma técnica que o famoso chefe zulu Chaka usou de modo bem-sucedido em suas batalhas com os ingleses e com outras tribos africanas, chamando-a de "chifres do búfalo".

Nessa história, encontramos todas as complexidades envolvidas com a projeção. As formigas são o exemplo máximo de uma inteligência coletiva; cada formiga carrega um mínimo de conhecimento instintivo que lhe orienta a ação. A complexidade comportamental da própria colônia, como na história acima, transcende o conhecimento instintivo de cada formiga. A colônia é capaz de ir além da quantidade de conhecimento instintivo da formiga por causa da ação em andamento entre as formigas individuais e seu ambiente. O psiquiatra, matemático e psicólogo experimental William Sulis especulou que o inconsciente coletivo é ele mesmo um exemplo da inteligência coletiva, que aflora da interação dos complexos moldados pelos sentimentos que essa inteligência traz em si.[8]

Mas a nossa história das formigas não acabou. Quando as formigas pretas percebiam que a batalha estava perdida, elas tentavam salvar os ovos, mas as formigas vermelhas se precipitavam sobre elas. Para mim, esse é o aspecto mais surpreendente de tudo. Algumas das formigas pretas lutavam bravamente até a morte na defesa dos ovos, ao passo que outras, de maneira muito covarde (ou, talvez, mais inteligente) depositavam os ovos diante das formigas vermelhas vencedoras e recebiam a permissão de sobreviver. Parece inacreditável que algo tão relativamente inconsciente quanto uma formiga possa tomar uma decisão que poderia ser interpretada como bravura ou coragem. Até uma formiga pode mudar seu comportamento apesar de ver-se apanhada numa projeção.[9] Poderíamos ter isso em mente quando fôssemos apanhados na projeção de uma sombra, e dizer a nós mesmos que é por demais difícil escapar.

## *Modelos mentais: como vimos a classificar o mundo exterior*

> Os fatos mentais não podem ser estudados de modo apropriado independentemente do ambiente físico do qual eles tomam conhecimento... *nossas faculdades interiores são* adaptadas *de antemão às características do mundo que habitamos...* A *mente e o mundo, em suma, evoluíram juntos, e, em conseqüência, têm algo que equivale a uma adaptação mútua.*
>
> — William James[10]

No século XVII, os animais eram vistos como máquinas, e o cérebro como uma lousa branca em que a experiência registrava as suas lições. Para explicar sua vida de aparência, pensadores tais como René Descartes verdadeiramente valeram-se de sistemas hidráulicos para um modelo explanatório, em grande parte porque o século XVII acabou entendendo muito bem como esses sistemas funcionavam. Por volta do século XVIII, a eletricidade estava em voga no que diz respeito à ciência, de modo que, evidentemente, ela era usada para explicar a vida.[11] Atualmente, o computador reina soberano, e tornou-se moda ver o cérebro como algum tipo de supercomputador, vindo com soluções lógicas para os problemas. Pesquisas sobre o cérebro já revelaram que esse modelo de computador está tão distante da realidade quanto o modelo hidráulico de Descartes.

O psicólogo William James foi um dos primeiros a reconhecer que o cérebro é, em grande parte, uma série de soluções *ad hoc* para os problemas. As soluções do cérebro quadram ao mundo porque evoluíram juntos. Pela mesma razão, o cérebro de diferentes espécies se organiza bem diferentemente. Os cérebros evoluem a fim de resolver problemas particulares de uma espécie em particular. Os sapos estão interessados nos vermes, de sorte que a visão dos sapos foi feita de modo específico para a localização de vermes. Os homens estão mais interessados em outros homens, de forma que nossa visão é bem apropriada para se diferençar rostos. Em cada caso, o cérebro está estruturado para corresponder mais às nossas necessidades particulares.

O neurocientista e ganhador do prêmio Nobel Gerald M. Edelman afirma com convicção que o cérebro já deve ter estruturas ordenadas antes de deparar o mundo, mas as estruturas têm de ser estruturas adaptáveis, ou seria impossível acomodar a variedade que o cérebro encontra no mundo. Conformemente, Edelman considera o cérebro como um sistema seletivo que opera em grande parte como a evolução, em vez de na forma de um sistema computacional ou de um sistema de processamento de informações. Por outras palavras, o cérebro não tem uma grande quantidade de algoritmos computacionais bastante estruturados armazenados nele, os quais ele acumula como um programa de computador. Em vez disso, tem um sem-número de estruturas que foram selecionadas com o tempo para resolver problemas variados. Essas estruturas podem lidar com a tarefa à mão, mas não foram necessariamente projetadas para levar a efeito a função que de fato executam. Assim, os pássaros construtores de ninhos que foram estudados por Durrell apresentam modelos de comportamento muito detalhados de como construir seus ninhos; porém, em vez de existirem como programas armazenados individualmente em compartimentos separados do cérebro, esses modelos são armazenados na própria estrutura do cérebro. E os mesmos componentes que podem ser usados para informar o pássaro de como construir um ninho pode adaptar-se para lidar com a necessidade de algum outro comportamento totalmente diferente.

Essas estruturas do cérebro correspondem aos arquétipos de Jung. Como são usados para agir conjuntamente com o nosso ambiente é, evidentemente, o problema. Aqui, Edelman entra em mais pormenores ao descrever essencialmente como os arquétipos reúnem complexos em torno de si mesmos:

*A percepção pode ser definida provisoriamente como a discriminação de um objeto ou de um fato por meio de uma modalidade sensorial ou de várias, separando-os do pano de fundo ou de outros objetos e fatos... na verdade, como sabemos o que um objeto é?... em certo sentido, o problema da percepção de início é um problema de taxionomia, em que cada animal deve "classificar" as coisas do seu mundo...*

*Do ponto de vista do organismo que se adapta, a classificação das coisas é relativa e depende de pistas, do contexto, da importância. As classes não são imutáveis, mas dependem do estado atual do organismo... Não obstante isso, os animais podem* generalizar; *isto é, um organismo individual pode deparar alguns exemplos de uma classe em condições de aprendizagem e depois reconhecer um número muito grande de exemplos relacionados mas novos.*

— Gerald M. Edelman[12]

Em outras palavras, nossa percepção do mundo depende de discriminar uma coisa de outra e, depois, de generalizar essa coisa como algo necessário. Projetamos nossas categorias definidas anteriormente e armazenadas na estrutura do cérebro, depois, modificamos essas estruturas para a adaptação quanto à tarefa premente. Essas estruturas modificadas nos fornecem novas categorias, que são armazenadas na estrutura do cérebro, usando padrões já existentes mas nunca usados para esse propósito particular. Uma vez armazenados, eles podem, sucessivamente, ser projetados para o mundo exterior a fim de lidar com a mesma situação no futuro.

*Deixemos de lado a ciência para pensar como esse processo se dá na projeção psicológica da sombra. As qualidades que a sombra possui já estão contidas em nós num nível arquetípico. Como não permitimos que aspectos de nós mesmos entrem na consciência, eles se reúnem em torno do centro arquetípico em complexos, unidos pelas emoções que negamos. É provável que esses complexos na verdade sejam armazenados na estrutura total do cérebro, usando caminhos que já existiam. Mas isso não diz respeito a nós no momento. O que nos interessa é o fato de que existe um mecanismo para adaptar o conhecimento instintivo e arquetípico à experiência real. Quando o nível de energia sobe demais, a sombra então é projetada para o mundo exterior, usando exatamente o mesmo mecanismo que usamos em toda percepção. Pelo fato de não podermos perceber nenhuma diferença entre essas projeções e a percepção normal, vivemos a nossa projeção como realidade.*

O lingüista Edward T. Hall assevera que fazemos a mesma coisa com os nossos instrumentos e com outras extensões do corpo humano e do cérebro: confundimos a extensão com a função original ou objeto que se está estendendo. A exemplo de nossos primos, os primatas, os seres humanos por natureza são curiosos sobre o seu ambiente, e tentam continuamente achar modos de prolongar-se nesse ambiente. Os instrumentos são o exemplo mais óbvio. Para cavar e arrancar os tubérculos da terra, podemos usar os dedos, mas se o solo é duro, podemos cortar os dedos ou machucá-los. Posteriormente, descobrimos que podemos usar uma vara em vez de usar os dedos; podemos cavoucar mais rápido sem esfolar os dedos. A vara tornou-se uma extensão deles. Devido ao fato de esse processo ser tão semelhante ao conceito de transferência[13] na psicologia, Hall se refere a ele como "transferência de extensão". No conceito mais geral que Jung concebeu da transferência e da projeção, isso é um método fundamental em que o arquétipo encontra expressão.

Nesse sentido, Hall está particularmente fascinado pela obra do cientista russo A. R. Luria. No livro *The Man with a Shattered World*, de Luria, um engenheiro sofreu danos cerebrais que o deixaram incapacitado de pensar... literalmente incapaz de pensar! Contudo, o homem conservava muito do seu vocabulário. Aos poucos, ele aprendeu a transferir o processo do pensamento da mente para o papel. Por outras palavras, ele descobriu, como virtualmente todo escritor descobre, que poderia pensar algo inteiramente escrevendo a respeito disso. Sua única diferença era que isso se tornara a única forma pela qual ele poderia pensar. Agora, o engenheiro de Luria só podia pensar no papel; porém, considere o que isso sugere sobre quão extraordinariamente versátil deve ser o processo do pensamento. Se o processo não pode dar-se no interior do cérebro porque certas partes dele não funcionam mais, esse processo pode verdadeiramente usar papel e lápis como extensão do cérebro.[14]

*De modo semelhante, abordamos qualquer coisa nova na vida projetando algo que já temos em nós para o mundo. Inicialmente, confundimos a realidade com a nossa projeção, mas aos poucos nos adaptamos e algo novo se forma dentro de nós, algo que se adapta mais à realidade. Assim, a projeção é um processo miraculoso que está por trás de toda percepção e de toda mudança. Deveríamos dar graças à projeção, não condená-la.*

## Como reconhecer nossa própria face nos outros: como retirar as projeções

*Quando você imagina alguém corajoso o bastante para retirar todas as suas projeções, você tem uma pessoa consciente de uma sombra bem densa. Esse homem se viu sobrecarregado de novos problemas e conflitos. Tornou-se um grave problema para si mesmo, já que agora considera-se incapaz de dizer que* eles *fazem isso ou aquilo,* eles *estão errados e* eles *devem ser combatidos. O homem vive na "Casa da Reunião". Um homem como esse sabe que tudo o que está errado no mundo se acha nele mesmo, e que se ele apenas aprender a lidar com a sua sombra terá feito algo verdadeiro para o mundo. Ele foi bem-sucedido em carregar às costas pelo menos uma parte ínfima dos problemas sociais gigantescos e não-resolvidos do cotidiano.*

— C. G. Jung[15]

Depois de dizer tantas coisas positivas sobre a projeção, é hora de voltar a questões práticas e falar sobre como as projeções podem ser retiradas. Enquanto a projeção é um dos principais métodos da psique para nos obrigar a lidar com fatos indesejáveis, a não ser que façamos uma tentativa de examinar a projeção, nada terá sido realizado. Quando a psique projeta a imagem do bem-amado em alguém e nos apaixonamos, se jamais procurarmos ver essa pessoa do modo como ela de fato é, ficaremos presos nessa projeção até que as diferenças sejam tão marcadas que deixemos a paixão de lado. Então, repetimos a situação de novo, vendo o mesmo quadro anterior que vimos da última vez. Não ocorre nenhum crescimento. Com a sombra, há a dificuldade adicional de que, já que a projeção normalmente é negativa, estamos mais propensos a encontrar um chamariz na pessoa com quem temos algum relacionamento, quando o temos. Sem sermos forçados a nos envolver com essa pessoa, podemos descobrir nossa ira se alimentando de si mesma e o problema nunca se resolve. Nas palavras do poeta Robert Bly, "O problema não é tanto que projetemos, mas quanto tempo conservamos as projeções no mundo exterior. A projeção sem o contato pessoal é perigosa".[16]

Já que a sombra, como qualquer outro complexo personificado, é constituída de camadas sobre camadas de experiência pessoal formada em torno de um núcleo arquetípico, podemos projetar a sombra não apenas em situações pessoais, mas em situações culturais e até arquetípicas. Os junguianos por vezes falam dos três níveis separados da sombra: pessoal, cultural e arquetípico. As projeções culturais da sombra podem levar a atrocidades tais como os assassinatos entre os croatas, os sérvios e os muçulmanos, em que culturas inteiras projetam a imagem da sombra em outras culturas. A sombra arquetípica é vista como possuindo características rejeitadas por todas as culturas: aparentemente, a encarnação do mal! Falaremos mais do relacionamento entre o mal e a sombra no capítulo seguinte, mas eu gostaria de enfatizar aqui que a projeção da sombra é sempre uma tentativa de completude, quer seja feita no nível pessoal, cultural ou arquetípico. É nosso fracasso ver nossa própria face na projeção que leva ao mal.

Marie-Louise von Franz definiu cinco estágios distintos da integração da sombra. Dois outros autores apresentaram variações pessoais em torno dos estágios de von Franz. Apresentemos cada um brevemente, a começar com os estágios de von Franz:

1) *identidade* (quando vemos apenas a projeção);
2) *diferenciação* (quando começamos a notar a diferença entre objeto e projeção);

3) *avaliação moral* (quando somos obrigados a encarar o problema moral com que a sombra se nos apresenta);
4) *ilusão* (quando por fim somos capazes de negar a realidade da projeção); e, finalmente,
5) *reflexão* (quando "refletimos sobre o quanto essa experiência muito poderosa, extremamente real e assustadora pôde de repente tornar-se apenas engano de si mesmo").[17]

Robert Bly vale-se abertamente dos estágios de Franz, porém caracteristicamente apresenta uma visão nova e aguda em sua argumentação:

1) "o Material da Sombra, bem utilizado por conspiradores treinados, vem parar do lado de fora da psique do dono, e parece inclinado a continuar lá em algum lugar";
2) "a projeção começa a se abalar";
3) "o estado mental em que a pessoa perturbada convoca a inteligência moral para reparar os abalos";
4) "sentimos o estado da diminuição";
5) "alimentar a sombra". ("Alimentar a sombra é um processo muito lento. Não acontece de uma vez só, mas em centenas de vezes.")[18]

O analista junguiano Wolfgang Giegerich apresenta esses estágios de um ponto de vista diferente e fascinante. Ele diz que todo o processo da "integração da sombra é a chegada da sombra e do ato de nós a abrigarmos em nós mesmos como a um convidado (certamente indesejável), e do ato passar a de ela existir na condição de consciência psicológica". Seus estágios são:

1) o *Inimigo ou Estágio de Cruzada* (no qual o inimigo está definitivamente fora de nós e é diferente de nós. Esse estágio é caracterizado pelo medo);
2) o *Herege ou Estágio de Caça às Bruxas* (no qual boa parte da projeção foi retirada para que, agora, encontremos o inimigo entre nós. Esse estágio está associado à condenação);

3) o *Vira-casaca ou Estágio Subversivo* (em que a sombra "está onde quer que haja luz, também em mim". Esse estágio está associado ao cinismo);
4) o *Estágio Mea Culpa* (em que a existência da sombra no nosso *self* é plenamente reconhecida. Esse estágio se caracteriza pela culpa);
5) o *Estágio da Hospitalidade ou da Integração Realizada* (em que "a consciência agora percebe a arrogância inerente ao estágio da consciência negativa". "O que aqui vem à luz é a consciência psicológica." Ou seja, uma identidade num nível mais elevado).[19]

Enquanto estamos presos no primeiro estágio, não temos nenhuma esperança de lidar com a sombra. Como disse Jung: "Se não estamos conscientes de que a propriedade do objeto é uma projeção, não podemos fazer nada mais exceto nos convencer ingenuamente de que ela de fato pertence ao objeto."[20] Na prática, a melhor forma de fugir ao primeiro estágio é procurar explosões emocionais desmedidas, reações que não são nada razoáveis em comparação com o que as provocou. Giegerich associa isso ao medo, que é verdadeiro, mas na maioria das vezes temos a experiência dele por meio da raiva, que o mascara. Quando estamos perdendo as estribeiras, é mais sensato nos perguntarmos sempre se a sombra não está presente. Na maioria das vezes está. Na frase sucinta da terapeuta Sue Campbell: "A sombra adora pontos de exclamação."[21] Aprendi a valorizar esses momentos de explosão emocional porque eles significam que a sombra apareceu de novo na minha vida, o que por sua vez significa que um novo crescimento teve início. Quando estamos dispostos a viver com o mal-estar que a sombra nos pode trazer, temos uma fonte sem fim de criatividade e mudança.

Se desenvolvemos um radar pessoal para a sombra do modo como estou sugerindo, o segundo estágio jamais ocorrerá. Os "abalos" que Bly menciona ocorrem porque a projeção da sombra é tão penetrante, que até os que mais agem de forma automática entre nós vêm a duvidar da realidade da projeção.

O terceiro estágio pode ser uma armadilha da qual é difícil escapar. Pela primeira vez, há um conflito consciente entre os valores que nos foram úteis por tanto tempo e os desafios apresentados pela sombra. Aqui, é fácil cair no cinismo que Giegerich menciona ou até capitular ao desespero, como se a situação fosse incontornável. Lembre-se de que a sombra tem um objetivo — ela parece nos despertar para a possibilidade de uma vida maior do que a que tivemos até então. Ela não está lá para nos atormentar, mas para nos fazer perceber possibilidades que ignorávamos. Assim, quando chegamos a esse estágio, em que cada caminho que tomamos parece levar a um beco sem saída, temos de lembrar que há um sentido para esse sofrimento. Não temos de reagir como o animal preso numa armadilha, mordendo a própria perna a fim de escapar.

Figura 13

*A sombra adora pontos de exclamação.*

No quarto estágio, por fim compreendemos inteiramente que todos os problemas que estivemos projetando nos outros jazem em nós. Isso quase inevitavelmente nos acarreta muita culpa. Quando antes sentimos um conflito entre nossos valores conscientes e nossos desejos inconscientes, agora nos culpamos por esses desejos, como se os possuíssemos. Essa reação precisa ser reconhecida como comodista, como o sinal de um ego ampliado que pensa que possui tudo na psique. Lembrar que é o inconsciente, e não o nosso ego consciente, que nos levou a esse desfiladeiro pode ser uma bofetada na cara, que nos possibilita a fuga do quarto estágio.

O último estágio pode durar muito tempo ou quase nada, a depender de nossa atitude. Bly afirma que "ingerir nossa sombra é um processo muito lento". Enquanto isso pode ser verdade, podemos também engolir toda a sombra de uma vez só. Na escola Renzai de Zen-budismo, há uma série muito desenvolvida de estágios de avanço espiritual, cada qual exigindo que o acólito se atraque com um único koan. Por exemplo, "qual é o som de uma mão batendo?" ou "qual era a face que você tinha antes de nascer?" A resolução de cada koan abre os olhos do discípulo para um estágio posterior de percepção. Independentemente dessa progressão, cada koan também é potencialmente uma janela capaz de abrir os olhos do monge a tal ponto que ele (ou ela, nos dias de hoje) pode passar diretamente à plena consciência de Satori.[22] De modo semelhante, com a sombra, há muitos estágios que envolvem vir a conhecê-la e se familiarizar com ela; porém, por mais que demore, a integração final é imediata. A pessoa simplesmente se une à sombra, assim como Ged se uniu quando "estendeu os braços, soltando o bordão, e se apoderou da sombra, do *self* negro que se estendia a ele. Luz e trevas se encontraram e se juntaram, e foram uma coisa só".[23]

Não há como delinear plenamente o modelo que esse estágio assume para cada um de nós. Com efeito, os últimos três estágios são realmente envolvidos num único estágio, em que nos deslocamos para frente e para trás entre a incerteza moral, a culpa e as reflexões sobre si mesmo. Durante o processo, melhoramos sempre ao reconhecer a aparência da sombra. De início, só a podemos reconhecer depois que reagimos a ela por meio da projeção. Passado algum tempo, podemos distinguir as emoções vindo à luz de dentro de nós na forma de sombra e podemos interceptá-las antes que nos surpreendamos nos comportando de maneira tola. À proporção que vamos deparando a sombra em situações variadas, é como se estivéssemos sondando uma grande área de terra. Visitamos uma grande variedade de locais de um modo que poderia parecer ocasional, mas que é verdadeiramente destinado a minimizar o tempo necessário para reconhecer todo o território. Quando ao fim e ao cabo toda a amplitude nos é familiar, surpreendemo-nos com descobrir que não estamos mais presos nas projeções e que vemos o mundo como ele é de fato.

*Figura 14*

*O que à primeira vista parece repulsivo e mau, verdadeiramente traz o espanto e a magia sob sua superfície obscura. A sombra só parece má por causa de nossas limitações.*

# 5

# O lado obscuro: a sombra e o mal

*Conta-se uma história de alguns estudantes que se dirigiram a um mestre hassídico do século XIX na esperança de que ele explicasse os enigmas do mal num mundo criado por um bom Deus. O rabino Zusya, eles pressentiam, poderia fazer isso, pois ele próprio era bom e piedoso, embora acometido pela doença e pela pobreza.*

*"Como, rabino Zusya, explicas o mal?", perguntaram os discípulos.*

*"Que mal?", perguntou o rabino com seus grandes olhos sonhadores.*

*Os discípulos enfatizaram que o próprio rabino Zusya estava sofrendo com a doença, a angústia e a pobreza.*

*"Oh, isso", replicou o rabino, "com certeza isso é só aquilo de que a minha alma necessita. Nossos sábios disseram: uma corda vermelha é apropriada a um cavalo branco."*

— Conto sobre o rabino Zusya,
mestre hassídico do século XIX[1]

O que é o mal? Teria ele real existência ou "seria aquilo que chamamos mal apenas a falta do bom?", como perguntou Santo Agostinho.[2] Ou, indo um pouco mais além: seria o mal verdadeiramente bom, coisa que não podemos ver dado o nosso ponto de vista limitado? Como o rabino Zusya disse acima: "Com certeza, isso é só aquilo de que a minha alma necessita." Santo Tomás de Aquino faz eco a esse ponto de vista quando afirma que "há uma razão por trás de todo mal".[3] O principal tema deste livro foram as possibilidades positivas que estão ocultas na sombra. O que à primeira vista parece repulsivo e maléfico, na verdade traz em si o espanto e a magia sob sua face escura. A sombra só parece má por causa de nossas limitações.

Mas qual é, pois, o lugar do mal aparentemente absoluto? Como explicar os sociopatas, que atuam em qualquer nível — desde os infernos particulares, como o de Jeffrey Daumer, até as posições de poder público, tais como as de Idi Amin, Pol Pot ou Hitler? Talvez tenhamos de começar com um exame dos estágios variados da moralidade, de vez que o sentido que temos do mal em grande parte é determinado pelo nosso próprio desenvolvimento moral.

## O que é o mal? Estágios do desenvolvimento moral

> *Em contraste com uma dada regra, que desde o início foi imposta de fora à criança e que por muitos anos ela não pôde entender, tal como a regra de não contar mentiras, a regra da justiça é um tipo de condição imanente dos relacionamentos sociais ou uma lei concernente ao seu equilíbrio.*
>
> — Jean Piaget[4]

O psicólogo suíço Jean Piaget é famoso pela sua teoria dos estágios invariáveis do desenvolvimento psicológico por meio do qual uma criança passa no seu caminho rumo à maturidade. Menos conhecida era a sua teoria de que também havia três estágios inatos de desenvolvimento moral:

1) *estágio da obediência cega*, em que a nossa moralidade é baseada tão-só no que é permitido;

2) *estágio da interpretação das regras*, em que reconhecemos que a moralidade é relativa à situação particular;
3) *estágio da interpretação do ato*, em que compreendemos que cada um de nós tem de desenvolver seus próprios valores morais.

É importante reconhecer que Piaget não estava apenas teorizando. Como com seu modelo do desenvolvimento psicológico, ele aperfeiçoou seu modelo de estágios morais baseado em pesquisa ampla com crianças. Ele apresentou às crianças vários pares de histórias envolvendo situações moralmente ambíguas, depois perguntou a elas sobre como elas viam a moralidade das personagens. Eis um par semelhante:

1) John estava em seu quarto quando a mãe o chamou para jantar. John desce e abre a porta que dá para a sala de jantar. Atrás da porta, porém, estava um gato, e na cadeira estava uma bandeja com quinze xícaras em cima. John não sabia que as xícaras estavam atrás da porta. Ele abre a porta, a porta bate na bandeja, bum! Vão-se para o chão as quinze xícaras, e todas quebram.
2) Certo dia, quando a mãe de Henry estava fora, Henry tentou pegar alguns doces do armário. Subiu numa cadeira mas o frasco com os doces ainda estava muito alto, e ele não conseguia alcançá-lo. Porém, enquanto estava tentando pegar o frasco, esbarrou numa xícara, que caiu e quebrou.[5]

As crianças menores acham que John merece mais castigo do que Henry, porque John quebrou quinze xícaras e Henry apenas uma. As crianças maiores reconhecem que John só quebrou as xícaras por acidente e por isso não merece castigo, ao passo que Henry quebrou a xícara porque estava fazendo algo que não devia. Evidentemente, os dilemas morais vão ficando mais complexos à medida que as crianças crescem.

O psicólogo Lawrence Kohlberg tomou o modelo de Piaget como ponto de partida e desenvolveu um modelo mais complexo dos estágios morais de desenvolvimento, não apenas de crianças, mas de adultos. Ele começou com três estágios bem parecidos aos de Piaget, os quais denominou (1) *pré-convencionais* ou *pré-morais*; (2) *convencionais*; e (3) *pós-convencionais* ou *baseado em princípios*. Até aqui, eles são semelhantes aos estágios de Piaget (embora não-idênticos). Kohlberg então ainda dividiu cada um dos três estágios em dois, criando, assim, seis estágios ao todo:

1) A *orientação para o castigo e a recompensa*, e para o poder físico e material;
2) *Orientação hedonista* com uma visão instrumental das relações humanas... ("Você coça as minhas costas que eu coço as suas");
3) A *orientação do "Bom menino"*; procurar manter as expectativas e granjear a aprovação do grupo imediato...;
4) A *orientação para a autoridade, a lei e o dever*, para conservar uma ordem fixa, quer social quer religiosa, a qual se supõe como valor fundamental;
5) *Orientação de contrato social*, com ênfase à igualdade e à obrigação mútua numa ordem democraticamente estabelecida; isto é, a moralidade da Constituição Americana;
6) A *moralidade dos princípios individuais da consciência* que tem abrangência lógica e universalidade. O valor supremo depositado na vida humana, na igualdade e na dignidade.[6]

Os dois primeiros estágios são característicos das crianças e dos criminosos. Os dois estágios intermediários são os da maioria da população adulta; 15%-20% da população adulta apresentam o Estágio 5 de moralidade, ao passo que só 5%-10% estão no Estágio 6.

Uma vez mais, como Piaget, o modelo de Kohlberg é fartamente apoiado por dados experimentais. Descobriu-se que a maioria das pessoas apresenta um estágio dominante. Cerca de metade de seus valores achava-se nesse estágio, com o restante de seus valores dispersos entre os estágios imediatamente acima e abaixo. Tanto os valores expressos da pessoa como suas ações eram coerentes com o estágio em que se está, embora as pessoas, nos estágios superiores, sejam mais propensas a "praticar o que pregam". Os mesmos estágios foram encontrados numa grande variedade de culturas em todo o mundo. Ao fazer testes para determinar o estágio moral de alguém, Kohlberg usava histórias que exemplificavam dilemas morais hipotéticos, como Piaget fizera, embora não aos pares. Eis uma delas:

> *Na Europa, uma mulher estava às portas da morte em função do câncer. Ela podia ser salva por um remédio, uma forma de rádio que um farmacêutico na mesma cidade descobrira recentemente. O farmacêutico estava cobrando dois mil dólares, dez vezes mais que o custo real do remédio. O marido da mulher que estava doente, Heinz, procurou todas as pessoas que conhecia para tomar dinheiro emprestado, mas só conseguiu cerca de metade do valor. Ele disse ao farmacêutico que sua mulher estava morrendo e pediu-lhe que vendesse mais barato ou que o deixasse pagar depois. Mas o farmacêutico disse, "Não". O marido desesperou-se e invadiu a farmácia para roubar o remédio para a mulher. Deveria o marido ter feito isso? Por quê?*[7]

Uma pessoa em qualquer estágio, até no mais primitivo, ainda tem de decidir se uma ação é certa ou errada. Por exemplo, no estágio inferior, a pessoa poderia afirmar que Heinz estava certo porque, "se você deixar a sua mulher morrer, você terá problemas". Ou ele estava errado porque "você não deveria roubar remédios já que será apanhado e castigado". Segundo o quarto estágio, o roubo de Heinz seria tolerado porque, "se você tiver qualquer sentido de honra, não deixará sua mulher morrer apenas por você ter medo das conseqüências". Por outro lado, "se você agir por desespero, sempre se sentirá culpado pela sua desonestidade e por infringir a lei". No estágio mais elevado, o argumento favorável e contrário se fundiria em certo sentido de que, se você não agir, depois será condenado, independentemente de como a sociedade encare a sua ação ou falta de ação. É fácil perceber que a nossa visão do que é certo ou errado, bom ou mau, em grande parte é determinada pelo nosso estágio de desenvolvimento moral. É impossível, por exemplo, para alguém preso num dos estágios anteriores de desenvolvimento entender um sentido abstrato de justiça.[8]

Jung às vezes afirmou que a sombra aparece em ângulos retos em relação à nossa moralidade normal. Ela não é necessariamente certa nem errada, tanto que apresenta uma visão diferente das coisas, que não combina de pronto com o sentido que temos do que seja certo e errado. Por exemplo, as pessoas que estão no Estágio 4 acreditam na importância de se adaptar às regras da sociedade em que vivem, à religião de que são membros. Quando a sombra aparece, pode parecer que ela lhes apresenta exigências primitivas que parecem totalmente impróprias a tudo aquilo em que as pessoas acreditam; no entanto, ao se aproximarem desses desejos aparentemente primitivos, as pessoas podem ser obrigadas a desenvolver uma moralidade mais complexa, em que os valores pessoais por vezes têm de ter precedência sobre os valores da sociedade. Por vezes, elas serão levadas a um grau de autoconhecimento em que necessariamente desenvolverão o Estágio 6 de moralidade. Dessa forma, o mal percebido em um nível de desenvolvimento cria condições para um bem superior.

Vez ou outra, a moralidade da sombra está verdadeiramente em ângulos retos quanto a todos os estágios de desenvolvimento de Kohlberg. Uma pessoa pode estar no estágio mais elevado, em que o "valor supremo [é] depositado na vida humana, na igualdade e na dignidade", no entanto, a sombra ainda nos apresenta dilemas morais que desafiam o nosso sistema de valores. A totalidade requer tanto o inferior quanto o superior, conceito difícil de reconciliar com qualquer modelo que apresente de antemão estágios de desenvolvimento. No entanto, cada um dos estágios de Kohlberg pode ser visto como mais amplo e abrangente do que o estágio que o precedeu. Existem mais possibilidades abertas para o indivíduo, em face de outras exigências. A vida pode ser cruel no estágio inferior, mas ela é simples: só faça o que tem de ser feito para evitar o castigo. Quando chegamos ao estágio superior, temos de aceitar nossa responsabilidade individual para o mal coletivo no mundo. Fui obrigado, pela primeira vez, a aprender essa lição quando era calouro na faculdade.

## *Um ano na Texas A&M: onde aprendo uma lição prática de moralidade*

Passei meu ano de calouro na Texas A&M University, então uma escola militar exclusiva para homens. Candidatei-me e fui aceito em diversas boas faculdades; o único problema foi que eu não podia pagá-las. "Não há problema", eu pensava. Pelo fato de eu ter-me saído muito bem no ano anterior no PSAT (Preliminary Scholastic Aptitude Test), eu supunha que naquele ano eu me sairia igualmente bem no SAT e conseguiria uma bolsa da General Motors, que daria conta de pagar tudo. Esse é o tipo de suposição que é difícil imaginar exceto quando você é jovem e arrogante. Como eu previa, saí-me muito bem no SAT, mas não consegui notas suficientes para ganhar a bolsa da General Motors.

Não tendo dinheiro suficiente para as faculdades que eu queria, tive de resolver o que fazer. Meu tio e dois primos, contudo, haviam ido para a Texas A&M e a haviam cumulado de elogios. Tratava-se de uma universidade estadual e por isso, naqueles dias, acessível. Por alguma razão terrível, isso foi o suficiente para que eu resolvesse ir para lá. Isso, a despeito do fato de que havia um sem-número de boas universidades estaduais acessíveis, incluindo uma na cidade onde eu morava. O fato de eu ter escolhido a Texas A&M é em especial surpreendente, já que, passando as coisas em revista, eu não tinha nenhum interesse pela carreira militar. Meu pai entrara no exército antes da Segunda Guerra Mundial, voltara para um emprego na vida privada pouco antes que a guerra começasse, depois foi levado de novo. Quando a guerra terminou, ele era tenente e resolveu seguir a carreira militar. Assim, cresci como um fedelho do exército, que ou se torna um soldadinho ou conclui que o exército é a última coisa neste mundo para ele. Eu me incluía nesta última categoria. A isso se acrescente o fato de que meu pai nunca, de forma alguma, exerceu sua influência quanto a eu seguir a carreira militar.

Assim, terminei na Texas A&M. Eu sabia tão pouco sobre aquilo em que estava entrando que nem sequer compreendia que tudo era por demais militar! Eu sabia que fazia parte daquilo, mas fiquei em estado de choque quando cheguei e recebi uniformes, depois fui enviado a um barbeiro para o corte de cabelo à escovinha e, por fim, designado a uma companhia militar — exatamente como se eu estivesse no exército. Foi aí que o divertimento começou.

Vivíamos em dormitórios que estavam mais para barracas militares com camas de arame, cobertores e lençóis militares, etc. Acordávamos numa hora estabelecida previamente, estudávamos em horas estabelecidas previamente, íamos para a cama numa hora estabelecida previamente. Marchávamos para as refeições, comíamos em grupo, fazíamos exercícios em grupo, fazíamos tudo em grupo. Só a freqüência às aulas é que quebrava a rotina do grupo; porém, depois das aulas, voltávamos para as barracas e a organização começava de novo. Nós estávamos totalmente submissos a uma cultura coletiva. As culturas coletivas requerem que os indivíduos nessa cultura subordinem sua individualidade às regras e estruturas do coletivo. As culturas militares são especialmente estritas nessas exigências. Como mencionamos no capítulo anterior, não só os indivíduos, mas as culturas apresentam uma sombra. Estamos sempre lidando não apenas com a nossa própria sombra, mas com a sombra de várias culturas em que vivemos. Eu deveria deparar uma sombra particularmente estranha na sombra coletiva da Texas A&M.

Fazia parte do código da faculdade que o "peixe" — como os calouros eram chamados — fosse sobrecarregado de tarefas, sobretudo pelos secundaristas que haviam passado por isso no ano anterior. A minha companhia, E-2, ou "Rebelde-E", como era chamada, mantinha um mascote da escola: um belo *collie*. Assim distinguido, a Rebelde-E gostava de pensar em si mesma como a companhia mais durona da Texas A&M. Acho que éramos: começamos com sessenta calouros e terminamos com 22, e nenhum era egresso do mundo acadêmico! O restante partira por causa da sobrecarga. Na maioria dos casos, eram suficientemente inteligentes para reconhecer que estavam sofrendo torturas e para partir. Em alguns casos, partiam porque haviam sido quebrados pelo sistema.

Um grande número de cenas desse ano se fixaram na minha mente. Em uma, os veteranos da companhia concluíram que eu era por demais estouvado para o meu bem. Disseram-me para esperar até que as luzes apagassem e então aparecer em uma das suas salas. Quando fiz isso, obrigaram-me a fazer flexões até que meus braços não puderam me amparar mais, então, tive de me agachar com os braços estirados — "borboletas que se arrastam" — até que a força de minhas pernas se esgotou e eu vim abaixo. Enquanto isso tinha prosseguimento, eles me diziam, em linguajar pitoresco, que pessoa desprezível eu era, e como eu ia aprender como um "peixe" devia agir. Então, fui obrigado a repetir o ciclo. Isso continuou até que eu desisti. De volta ao ciclo. Quando não pude desistir mais, eles me fizeram tomar água para que eu continuasse os exercícios e desistisse mais uma vez. Posteriormente, eles se cansaram do seu divertimento e me deixaram voltar aos meus aposentos. Embora nem todos tivessem o azar de passar por esse regime, eu não era o único caso.

Fazíamos nossas refeições juntos no rancho (como o restaurante era denominado no jargão militar). Na forma de castigo por alguma falta que não podia ser lembrada, um amigo e eu fomos obrigados a fazer uma refeição "quadrada"; ou seja, nós nos sentávamos com a coluna reta, os olhos fitos bem à frente. Depois, tínhamos de pegar a comida do prato com o garfo, levantá-lo sem olhar para o prato e trazê-lo em nossa direção em ângulo reto para comer. Se deixássemos alguma coisa cair, tínhamos de sair da mesa. Isso dificilmente era um castigo, já que também tínhamos de encharcar a comida com pimenta forte, o que, é claro, a tornava intragável. O único outro alimento que podíamos conseguir era das máquinas de doces nos prédios onde ficavam as salas de aula durante o dia. Embora comêssemos delas tanto quanto pudéssemos, nosso peso continuava diminuindo. Não consigo me lembrar quanto tempo isso durou, mas tudo parecia eterno. Pelo final do ano, eu passara de oitenta quilos para sessenta, e estava parecendo uma vítima de um campo de concentração no anuário da faculdade.

Outro calouro da nossa unidade militar era um rapaz gentil cujo pai morrera na guerra da Coréia. Fora educado exclusivamente entre mulheres e, embora não fosse *gay*, era mais sensível do que talhado para semelhante cenário. Desde o começo, os tubarões pressentiram-lhe a fragilidade e o cercaram. Eu mesmo só estava tentando sobreviver, de modo que não prestava muita atenção a isso, admitindo que ele estava sujeito à mesma sorte de vicissitudes por que eu passava; mas a situação dele era pior; por nada, eles o fizeram tirar o colchão da cama e dormir sobre o estrado de molas, vestindo o uniforme completo da faxina, com botas e capacete. Acho que a falta de sono foi o que por fim acabou por esgotá-lo. Ele teve um colapso nervoso e partiu um dia enquanto estávamos fora na condição de unidade em alguma atividade em grupo.

Certa feita, fui a uma outra barraca para visitar um amigo. Enquanto eu andava pela entrada, passei por uma porta semi-aberta. Por alguma razão que não posso lembrar, parei e olhei para dentro. Um jovem estava deitado perto da pia com os pulsos abertos e o sangue a escorrer pelo chão. Gritei pedindo ajuda e envolvi-lhe os pulsos com toalhas. Tão logo chegaram homens mais capacitados para lidar com emergências, parti. Depois, ouvi dizer que ele sobrevivera, e nada mais além disso. Nunca descobri quem ele era ou por que chegara àquele extremo.

Lembro-me de estar certa vez sentado no meu quarto, incapaz de parar de chorar. Um veterano da minha unidade, que me havia tratado particularmente de modo cruel, entrou por acaso enquanto eu estava ali chorando. Postou-se ao meu lado e esperou, delicadamente, até que eu parasse, depois saiu sem dizer palavra. Esperei o pior, mas o incidente nunca foi mencionado e ele nunca mais voltou a me maltratar.

Tive pequenos triunfos durante o ano. Tive de acordar certa manhã e fazer o café para um dos estudantes de uma classe mais avançada, de modo que estivesse pronto quando o estudante acordasse. Todo dia eu enchia a cafeteira com água fria, depois fazia xixi nela antes de começar a preparar o café. Vê-lo beber o café me dava diariamente muito ânimo.

Então, chegou a época do nosso "Bombardeio com Babbo", no que diz respeito ao rapaz que era o segundo no comando da companhia. Pegamos uma lata de Ajax (Babbo era um produto semelhante na época; daí o nome de "Bombardeio com Babbo") e cortamos as pontas de metal, deixando um cilindro de papelão. Pusemos uma bombinha forte dentro (uma "bomba cereja", acho que a chamávamos assim), deixando o longo fuso do lado de fora, depois, lacramos as extremidades do tubo com uma fita isolante. Depois, esperamos o nosso momento. Tarde da noite, quando por alguma razão o rapaz havia saído, um amigo e eu nos esgueiramos para dentro de seu quarto, colocamos a bomba Babbo no meio do quarto, acendemos o pavio e voltamos para os nossos quartos. Quando ela explodiu, o limpador não só cobriu tudo no quarto, mas também aderiu a tudo, arruinando quase totalmente as coisas que lá estavam. Em minutos, os alunos das classes superiores fizeram os calouros postarem-se de pé na posição de sentido no saguão. Quando perguntaram quem havia feito aquilo, sinto orgulho de dizer que cada calouro em nossa companhia disse que havia sido ele mesmo. Pelo fato de não poderem nos punir individualmente, fomos obrigados a passar nossos sábados marchando no campo de treinamento. Mas ainda considerávamos aquilo digno de valor.

Talvez a lembrança mais intragável seja a de um rapaz chamado Danzheizer. Eu nunca soube o seu primeiro nome e não acho que alguém mais soubesse. Ele usava os uniformes mais maltrapilhos do mundo, e sempre parecia estar com um sorriso amarelo. Ficava exclusivamente com os calouros, dando-lhes acesso livre ao seu quarto, onde eles jogavam pôquer até tarde da noite — um privilégio raro para os calouros. No final do ano, ouvi sua história de um outro aluno de uma classe superior de quem me tornei amigo. Danzheizer tivera um ano de calouro muito semelhante ao que nós tivemos. Quando ele voltou para a A&M para passar o seu ano de veterano, recusou-se a sobrecarregar com tarefas a nova safra de calouros. Por causa disso, foi posto na geladeira por todos; ninguém falava com ele exceto os calouros, que eram obrigados, segundo o protocolo, a responder a quem quer que os abordasse. De alguma forma, ele encontrou coragem para não se deixar levar e para sobreviver da sua própria maneira estranha.

Depois, o meu ano de calouro chegou ao fim. No verão seguinte, tive um emprego entorpecedor em que eu me sentava nas esquinas das ruas sete dias por semana, treze horas por dia, tomando nota de quando os ônibus chegavam e partiam e de quantos passageiros estavam no ônibus. Obviamente, eu tinha muito tempo para pensar. Dois meses de verão se passaram antes que eu, de repente, compreendesse que eu não tinha de voltar para a A&M. Eu fora tão mortificado que havia admitido que a minha única opção era voltar para lá e cometer crueldades contra uma nova safra de calouros. Quando compreendi que não tinha de voltar, passei a freqüentar a universidade local por um ano, e foi ali que descobri como era ser um universitário jovem e normal.

> *Eu estava tão carregado da cultura coletiva da A&M, que havia me esquecido de que eu era uma pessoa capaz de tomar decisões pessoais. Acho que, na maioria das vezes, esquecemos que, até nas piores circunstâncias, temos uma opção. Até mesmo durante o meu ano de calouro, eu poderia ter deixado a Texas A&M para freqüentar a universidade na minha cidade natal. Eu provavelmente teria feito isso se ao menos tivesse parado para compreender que eu tinha uma opção. Naquele tempo, eu estava mais preocupado com mostrar aos outros como eu era durão e como não ia me deixar levar por qualquer um. Assim, eu estava fazendo uma opção; passando as coisas em retrospectiva, tratava-se de uma escolha insensata. Cada momento de nossa vida é um momento de opção, quando abrimos os olhos. E é sempre opção nossa conformar-nos com os valores da nossa cultura ou seguir o nosso próprio caminho.*

Nos sete anos seguintes, fiquei remoendo essas lembranças, tentando encontrar algum sentido nelas, de sorte que a vida pudesse ter sentido uma vez mais. Eu nunca antes compreendera que um sistema coletivo como a Texas A&M pudesse fazer que pessoas normais fizessem coisas que não fariam em outras circunstâncias. Com certeza, nunca pensei que qualquer sistema pudesse comprometer a minha moralidade; no entanto, eu sabia que não era tão corajoso quanto Danzheizer. Eu não teria sido capaz de fazer o que ele fez: ficar ali e tomar uma posição contra o que eu sabia que era errado. É um momento de sensatez fazer face aos próprios limites.

Obviamente, havia uma sombra obscura que jazia na cultura da A&M; porém, será que existe algum mal absoluto que necessariamente se instale na sombra coletiva das organizações como a A&M? Se cavarmos fundo rumo à escuridão, chegaremos ao mal? Todos têm de tomar a sua decisão sobre esses problemas, e falarei sobre isso mais pormenorizadamente na próxima seção, contudo, para mim, não creio que haja nenhum mal na sombra, independentemente da profundidade que cavemos. E não creio necessariamente que haja mais mal numa sombra coletiva, cultural, do que no indivíduo.

Organizações como a A&M começam com boas intenções: ensinar aos jovens a disciplina que eles precisam ter para fazer algo de si mesmos; porém, como vimos antes, uma coisa boa demais torna-se má. É fácil interpretar a necessidade de disciplina como significando a necessidade de obediência total às regras da cultura. Às vezes, a disciplina requer castigo. Com o correr do tempo, o castigo pode se tornar tão exagerado que adquire uma existência autônoma. Posteriormente, as regras da cultura e os castigos que apóiam essas regras se tornam um ritual, até que ninguém mais se lembre do seu objetivo. A menos que as organizações como a A&M (e as forças armadas, as religiões, os grupos políticos, os negócios, etc.) examinem constantemente o seu próprio processo, a sombra aflorará à superfície num equilíbrio necessário para a visão deturpada que a cultura tem de si mesma. O preço do sucesso em lograr o equilíbrio, quer num indivíduo, quer num grupo, é a vigilância.

## O Senhor dos Anéis *de Tolkien: Uma batalha épica entre o bem e o mal*

*Três anéis para os reis Elven sob o céu*
*Sete para os Lordes Anões em suas casas de pedra,*
*Nove para os Homens Mortais fadados à morte,*
*Um para o Senhor das Trevas em seu trono negro*
*Na terra de Mordor, onde as Sombras jazem,*
*Um Anel para governá-los a todos, Um Anel para encontrá-los,*
*Um Anel para reuni-los e atá-los*
*Nas trevas*
*Na Terra de Mordor, onde as Sombras jazem.*

— J. R. R. Tolkien[9]

O *Senhor dos Anéis* de J. R. R. Tolkien é uma história épica da batalha entre o bem e o mal pela posse da terra e das almas de quantos a habitam. Ao narrar essa batalha, Tolkien é sensato o bastante para nunca mostrar a fonte máxima do mal: o bruxo sombrio Sauron. Ao longo das quase mil e quinhentas páginas dessa história, só encontramos o mal relativo. Personagens que, embora terríveis, servem como pálidos reflexos do mal de Sauron. Há os Cavaleiros Negros, que um dia foram poderosos combatentes, que sucumbiram à tentação de usar os anéis de poder oferecidos por Sauron. Isso deu-lhes imortalidade, mas à custa de sua humanidade. Agora, eles são os imortais — "fantasmas do anel" — que esvoaçam no ar em corcéis repulsivos para aniquilar os que se opõem a Sauron. Ou Saruman o Branco, um feiticeiro poderoso que antes combatera o mal de Sauron, mas que perdeu sua batalha com o pecado do orgulho e tornou-se apenas mais um súdito de Sauron. À medida que deparamos essas e outras figuras assustadoras em toda a história, nos pegamos constantemente perguntando sobre como seria o mal de Sauron, para que essas figuras não passassem de pálidos reflexos? Talvez a única forma de nós, meros humanos, podermos abordar o mal absoluto é como algo que deve ter existência para que possamos deparar-lhe as manifestações em todo o mundo.

Pelo fato de o mal ser apresentado assim como uma tela de fundo em frente à qual os heróis lutam, vemos repetidas vezes a complexidade da relação entre o bem e o mal. A cada vez, de alguma forma, o Único Anel, o maior dos Anéis de Poder, serve como o núcleo para a batalha entre o bem e o mal. De um lado, estão todas as forças aparentemente invencíveis de Sauron. Do outro, a Sociedade do Anel, composta de nove companheiros: o feiticeiro Gandalf; dois homens, Boromir e Aragorn (também conhecido como o Passada Larga); Legolas, o elfo; Gimli, o anão, e os quatro pequeninos Hobbits, Merry, Pippin, Frodo Baggins e seu servo e companheiro Samwise Gamgee. Talvez pelo fato de apenas os menores e mais fracos poderem suportar semelhante fardo, o Único Anel é transportado por Frodo. Ele se mostra um pesado fardo e uma grande tentação para todos.

Por exemplo, Boromir só quer realizar o que ele considera como o bem: proteger seu povo contra as forças maléficas de Sauron. Com certeza, ele acredita, um combatente poderoso como ele mesmo é a pessoa apropriada para possuir o Único Anel — alguém que saberia como fazer uso de seu poder, não uma criatura fraca, pequena e tola como o Hobbit Frodo. O fracasso de Boromir quanto a reconhecer as tentações destrutivas do poder o leva a tentar matar Frodo para roubar-lhe o Anel. Por acaso, Frodo põe o Anel, percebe que se tornou invisível e foge, para depois ser alcançado por seu fiel companheiro Sam (diminutivo de Samwise). Assim, os atos de Boromir dividem os companheiros do Anel pela primeira vez em grupos separados, que não se unirão até o final do conto. Boromir expia seu pecado de orgulho sacrificando-se para deixar que dois outros Hobbits, Merry e Pippin, escapem às orcas (mais comumente conhecidas em outros contos da mitologia como duendes).

*Na jornada, o orgulho junto com a arrogância é um ponto de partida comum para muitos de nós, como foi para Boromir (e para Ged!). Sei que foi para mim na minha vida, como narrei no capítulo primeiro. Eu fora criado para sentir que tinha dons especiais e, concomitantemente, responsabilidades especiais para com os outros. Essa combinação gê-*

*mea já me havia levado à minha filosofia juvenil de que "EXISTEM valores relativos!"; bati-me com os meus valores e senti que eles tinham um peso extra por causa da luta. Para mim, um dia a sombra tinha de abaixar-me a crista, até que eu por fim descobrisse que todos têm de lutar com seus valores, que todos têm dons especiais e responsabilidades, que a vida de todos é tão valorosa quanto a minha. Uma coisa é cuidar dos outros de uma posição privilegiada, mas coisa bem diferente é importar-se com todos porque estamos juntos no mesmo barco.*

Um exemplo mais sensato é o do feiticeiro Gandalf o Cinzento, cujo epíteto exprime a ambigüidade de sua posição moral. Aparentemente arrogante, de mau humor, alguém a se evitar, ele, em vez disso, na primeira metade da jornada, serve de bússola moral para o restante da Sociedade do Anel. Ele é cinzento porque reconhece a complexidade da combinação do bem e do mal em todas as nossas ações. O próprio Gandalf poderia ter tomado o Anel antes que Frodo começasse a jornada, mas ele é sábio o bastante para compreender que ninguém é capaz de usar semelhante poder sem sucumbir às suas tentações.

*Mas os feiticeiros são bem velhos, vivendo centenas, se não milhares, de anos. É bem difícil para qualquer um de nós compreender nossos próprios limites no nosso curto período de setenta anos aproximadamente. Em vez disso, a sombra vem até nós para nos presentear com nossos limites. Precisamos saudá-la como a um amigo bem-vindo.*

Cada um dos que participam da busca serve de algum modo como pedra de toque para alterar o equilíbrio entre o bem e o mal na história; porém, mais do que qualquer outro, os Hobbits Frodo e Samwise e o ex-Hobbit Gollum nos mostram como é complexo o equilíbrio entre o bem e o mal. Visto que ninguém é sábio o bastante para usar o Anel, ele deve ser destruído; contudo, só pode ser destruído se for lançado às chamas do vulcânico Monte Fado, onde fora forjado originariamente. E o Monte Fado jaz no meio de Mordor — a terra escura — o coração do reino maligno de Sauron. Assim, enquanto os outros companheiros do Anel passam por grandes aventuras e travam enormes batalhas, Frodo e Sam devem simplesmente pisar cada vez mais fundo no que Conrad chamava de "o coração das trevas".

*É impossível lidar com o mal pela simples evitação; a pessoa tem de visitar as terras escuras, ir às raias da danação. Vimos isso na história de Ged e vemos isso em nossa própria vida. Lembro-me e de quando eu estava trabalhando como conselheiro e gerente noturno numa casa para readaptação de jovens adultos com graves perturbações. Eu acordava*

*Figura 15*

*Mas os feiticeiros são bem velhos, vivendo centenas, se não milhares de anos. É muito difícil a qualquer um de nós compreender nossos próprios limites no nosso curto período de vida de setenta anos aproximadamente. Em vez disso, a sombra nos vem presentear com nossos limites. Precisamos saudá-la como a um amigo bem-vindo.*

*antes de qualquer um dos residentes e passava as primeiras horas da manhã na cozinha com "Nick o Cozinheiro". Nunca o conheci por outro nome. Nick fora um viciado em heroína. Ele superara a heroína usando cocaína. Depois, deixara a cocaína usando a bebida. Por fim, superou a bebida usando os Alcoólicos Anônimos. Não conheço muito sobre essa instituição, mas Nick me disse que eles acreditam que todos temos um lado obscuro em nossa alma, e temos de atravessar esse lugar escuro para nos tornar mais saudáveis. Essa foi a minha experiência. Ninguém pode chegar à saúde sem chegar a um acordo com as trevas.*

Diversas vezes ao longo do caminho Frodo é obrigado a pôr o Anel no dedo para ficar invisível e não ser percebido. Cada vez, o seu ganho é também a sua perda, porque o Anel ganha algum poder sobre ele, tentando-o quanto a cobiçar o Anel para si mesmo. Ele dá combate a essa tentação com toda a força de vontade. Na última parte da jornada, Frodo vê-se tão desgastado em função dos ferimentos físicos e do poder absorvente do Anel que não consegue mais andar.

"Não consigo, Sam", ele diz. "É um fardo pesado demais."[10]

Quando Sam se oferece para carregar por ele o Anel, a avareza de Frodo assume o comando e ele se recusa a tanto, receando por um breve momento que Sam esteja tentando tomar-lhe o precioso Anel, antes de compreender que Sam é o único que está tentando ajudá-lo.

"Não, não, Sam", diz ele com tristeza. "Mas você tem que entender. Este é o meu fardo, e ninguém mais pode carregá-lo."[11]

*Cada um de nós, de alguma forma, chega a um ponto da vida em que compreende que ninguém mais pode carregar o seu fardo, independentemente do quanto esse alguém o ame. Esse é o lugar mais solitário da nossa jornada, mas também, de algum modo, o começo do último estágio da jornada. Só alguém que se bateu com a sombra pode vir a ter esse reconhecimento.*

Frodo e Sam põem fora tudo o que carregam a fim de diminuir a carga que levam; mas o peso do Anel se torna cada vez maior. Por fim,

Frodo não pode mais avançar. Desse modo, Sam, incapaz de carregar o Anel em lugar de Frodo, carrega Frodo.

Sam olha para ele e chora por dentro, mas nenhuma lágrima lhe vem aos olhos frios e pungentes. "Eu disse que o carregaria, se o Anel me derrotasse", ele murmura, "e carregarei!"

"Vamos, senhor Frodo!", ele grita, "Não posso carregar o Anel por você, mas posso carregá-lo e a ele também. Assim, suba! Vamos, caro senhor Frodo! Sam vai dar-lhe uma carona. Só me diga aonde ir, que irei."[12]

*Há algumas cenas na literatura tão tocantes quanto a de Sam esforçando-se para avançar, carregando o seu pesado mestre Frodo, por sua vez quase inconsciente por ter de carregar o peso moral do Anel. Isso assinala o ponto em que sabemos que só nós podemos carregar o nosso fardo, no entanto não temos mais força para fazê-lo sozinhos. A essa altura, descobrimos que, se estivermos dispostos a desistir de nossos últimos vestígios de orgulho, haverá entes queridos que nos poderão carregar, assim como carregamos o nosso fardo. Mesmo quando não há nenhuma pessoa real em torno de nós para nos servir nessa função, descobrimos em nós uma força, humilde e provavelmente segura, que pode nos apoiar durante essas épocas mais difíceis de todas.*

Sam carrega Frodo tanto quanto pode; quando até o bravo Sam não pode avançar mais, Frodo descobre que tem forças para rastejar. De alguma forma, ele chega à beira do poderoso vulcão — o ponto de seu destino em que terá de destruir o Único Anel. E ele descobre que o Anel venceu. Carregando-o por tanto tempo, usando-o tantas vezes, agora que o momento chegou ele não pode se desfazer dele.

"Eu vim", ele diz, "mas não escolho agora o que vim fazer. Não farei isso. O Anel é meu!" E de repente, quando ele põe o Anel no dedo, ele desaparece diante dos olhos de Sam.[13]

Bem nesse momento, quando tudo parece ter sido em vão, Gollum aparece. Falamos de Gollum no Capítulo 1, como um exemplo de como temos que lidar com a sombra em seu aspecto mais repulsivo.

Gollum, que um dia foi um Hobbit, encontrou o Anel e, sob sua influência, desenvolveu-se numa criatura repulsiva e asquerosa, quase imortal, mas condenada a viver escondida nas cavernas, longe da luz. Como vocês podem recordar, o tio de Frodo, Bilbo Baggins, enganou Gollum com o Anel e conseguiu fugir. Isso fez que Gollum saísse de sua caverna, para procurar à noite o Anel. Posteriormente, ele encontra Frodo. Sam quer matar Gollum; em vez disso, Frodo trata Gollum com firmeza, mas também com piedade. Gollum serve-lhes de guia para Mordor, até que, devido à sua traição, Frodo e Sam são obrigados a deixá-lo e a seguirem sós.

Mas Gollum continuou no encalço deles e agora salta sobre o invisível Frodo, lutando pela posse do Anel. Depois de uma batalha acirrada, Gollum morde o dedo de Frodo e, depois, ergue em triunfo o dedo e o Anel no ar; porém, em sua batalha, ele se aproximou demais do vulcão e cai nele. Assim, o Anel, finalmente, é destruído. Uma vez destruído, os poderes de Sauron se vão, e as trevas em que ele vivera durante tanto tempo se vão de Frodo. Caracteristicamente, a primeira coisa em que Sam pensa é na "pobre mão" de Frodo, e a primeira coisa em que Frodo pensa é em Gollum.

"Lembra-se das palavras de Gandalf: *Até Gollum pode ter algo ainda por fazer*? Porém, para ele, Sam, eu não poderia ter destruído o Anel. A Busca teria sido em vão, até no final amargo. Assim, vamos perdoá-lo. Pois a Busca foi realizada, e agora acabou. Estou feliz por você estar aqui comigo. Aqui, no final de tudo, Sam."[14]

*A sombra é um guia necessário ao longo do caminho, mesmo que haja uma parte dela que não pode nunca, nem deveria, ser integrada na nossa consciência, pois que pertence às trevas. O desafio da sombra não é tentar o mal para se tornar saudável. Além do mal relativo que pode transmudar-se em ouro, pode estar, de fato, o verdadeiro mal. E jamais devemos ceder a isso; no entanto, é muito mais sensato abstermonos de julgá-lo, pois podemos descobrir que até o mal pode servir a um objetivo na nossa vida... como Gollum.*

Parece que a história deveria terminar aqui, mas essa é uma história muito sensata e ainda há mais uma lição que ela tem a nos ensinar. Com o Anel destruído e com o mal de Sauron desfeito, o conto está cheio de triunfos e celebrações. Aragorn torna-se rei e tem um grande casamento. Quando os Hobbits voltam para a sua terra amada, Shire, eles descobrem que os homens maus estão no comando das coisas. Depois do que passaram, Merry e Pippin, os mais jovens dos Hobbits, têm poucos problemas para pôr as coisas nos eixos novamente. Sam volta para sua amada Rose, a fim de se casarem e viverem felizes para sempre.

Contudo, com a destruição do Anel, não apenas o mal de Sauron morreu, mas uma era também acabou, a Terceira Idade, quando duendes e feiticeiros ainda viviam na Terra do Meio, como o mundo era chamado. Gandalf e os duendes se preparam para navegar para longe da Terra do Meio, para deixar o mundo do modo como o conhecemos. E Frodo os acompanha. Pois não há lugar para Frodo entre os Hobbits e humanos normais. Ele sondou por demais as trevas e não pode de novo sentir-se bem e saudável no mundo normal. Nem, quanto a isso, se sentirá inteiramente em casa, nem mesmo no destino a que Gandalf e os duendes devem seguir. Frodo foi além da vida em qualquer lugar, exceto dentro de si mesmo.

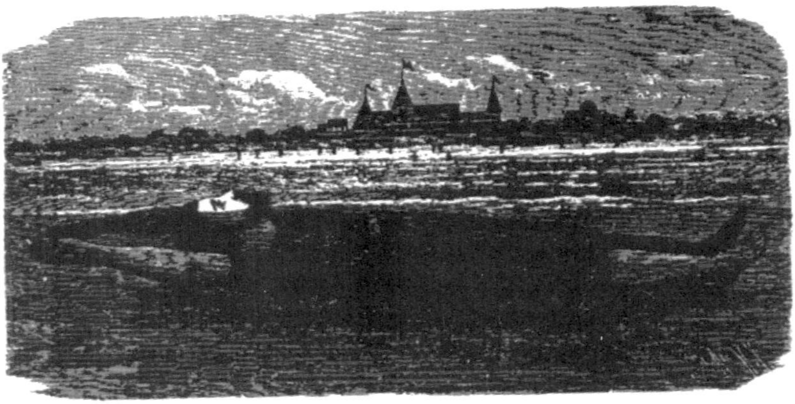

Figura 16

*Trata-se do mundo da água, onde toda vida flutua suspensa; onde o domínio do sistema simpático, a alma de todas as coisas vivas, começa; onde sou indivisivelmente isto e aquilo; onde tenho a experiência do outro em mim mesmo e o outro, além de mim, tem a experiência de mim mesmo.*

# 6

## União: integração com a sombra

*A sombra é uma passagem apertada, uma porta estreita, de cuja limitação dolorosa não é poupado ninguém que desça ao fundo do poço; mas a pessoa tem de aprender a se conhecer para saber quem é. Trata-se do mundo da água, onde toda vida flutua suspensa; onde o domínio do sistema simpático, a alma de todas as coisas vivas, começa; onde sou indivisivelmente isso e aquilo; onde tenho a experiência do outro em mim mesmo e o outro, além de mim, tem a experiência de mim mesmo.*

— C. G. Jung[1]

Ao tentar descrever a aparência da vida depois de unir-se à sombra, Jung é forçado à poesia na passagem acima, numa tentativa de apreender o que é quase inexprimível; porém, enquanto sua linguagem pode ser poética, cada um de seus aspectos é quase literalmente verdadeiro. Tomemos cada passagem, sucessivamente.

> *A sombra é, na verdade, uma passagem apertada, uma porta estreita, de cuja limitação dolorosa não é poupado ninguém que desça ao fundo do poço.*

À proporção que nos envolvemos com a sombra, há cada vez menos possibilidade de evitá-la na nossa vida. Isso pode parecer terrivelmente limitador depois da liberdade que tivemos antes para fazer tudo o que quiséssemos em nossa cômoda definição do eu. Agora, aparentemente, para onde quer que nos voltemos, mergulhamos na sombra.

Somos como a bela princesa do Capítulo 2, que não podia mais comer, nem beber, nem brincar sem que se visse acompanhada do pequeno sapo.

*Mas a pessoa tem de aprender a se conhecer para saber quem é.*

Isso não é tão enigmático quanto parece. Até que a sombra se manifeste, somos tão inconscientes de nossos próprios processos quanto do ar que respiramos. Somos simplesmente o que somos e fazemos o que fazemos. Quando a sombra aparece, no processo de afrontar-lhe os valores e compará-los com os nossos, somos forçados à autoconsciência. Posteriormente, essa autoconsciência leva à reflexão de si mesmo e à mudança psicológica. Com respeito a isso, o analista junguiano e hipnoterapeuta ericksoniano Ernest Lawrence Rossi afirma que: "A autoconsciência, na verdade, é uma nova dimensão da percepção que prepara o ambiente para a auto-reflexão e para a possibilidade de se mudar de um modo voltado para si mesmo."[2] Envolver-se com a sombra, desse ângulo, nos põe em contato com o processo de redefinição de quem somos e daquilo em que acreditamos. Analisaremos isso mais pormenorizadamente na próxima seção deste capítulo.

*Trata-se do mundo da água, onde toda vida flutua suspensa; onde o domínio do sistema simpático, a alma de todas as coisas vivas, começa...*

Considero esse um dos comentários mais fascinantes de Jung. Depois de passarmos com êxito pela sombra, a vida se torna fluida como nunca fora anteriormente. Os valores não estão mais gravados em pedra; vimos a compreender que nada é o que parece, que até nós nos envolvemos pessoalmente com qualquer valor, que ele não tem mais nenhuma existência pessoal para nós. O sistema nervoso autônomo do corpo controla o nosso coração, o nosso estômago e outros órgãos internos. Ele é composto do sistema parassimpático, que retarda as coisas, e do sistema simpático, que as acelera a fim de reagir à tensão. É aqui que ocorre a reação que envolve "lutar ou fugir". Jung está sugerindo que, com integrarmos de modo bem-sucedido a sombra na nossa personalidade, verdadeiramente alteramos o sistema nervoso autônomo. (De fato, alteramos a organização cortical do cérebro, o que altera o modo como reage o sistema nervoso autônomo; mas falaremos mais disso a seguir.)

A não ser que tenhamos realizado de fato uma mudança fisiológica permanente, ainda encontraríamos o nosso eu vindo à tona toda vez que algo despertasse a reação à sombra em nós. Ao nos envolvermos com ela, aos poucos inserimos a consciência nos processos anteriormente inconscientes do corpo. Depois da integração, estes se tornam em grande parte inconscientes de novo, mas somos capazes de voltar a consciência a esses processos toda vez que escolhemos fazer isso.

> *...onde eu sou indizivelmente isso e aquilo; onde tenho a experiência do outro em mim mesmo e o outro, além de mim, tem a experiência de mim mesmo.*

Aqui, Jung é obrigado a se valer do paradoxo para tentar captar a vida antes de passar pelo desafio da sombra. Antes de a sombra aparecer, consideramos a nós mesmos como totalmente separados dos que nos cercam. Quando compreendemos que temos a experiência do mundo por meio de um acúmulo de projeções, sabemos, num nível visceral, que somos "indizivelmente isso *e* aquilo". Temos a "experiência do outro" em nós mesmos, e talvez — o que é ainda mais importante — "o outro, além de mim, tem a experiência de mim mesmo".

## Psicossíntese: como mudamos o cérebro

O desenvolvimento é alcançado, não raro, por meio de um processo de luta: fundamentalmente, uma luta para se libertar das garras dos pontos de vista mais antigos e convencionais, para que possamos tentar novos caminhos de vida e novas experiências. Ao buscar novas opções de vida e novos sentimentos, estamos, na verdade, criando novos estados do ser.[3]

Em seu livro fundamental, *Dreams and the Growth of Personality*, Rossi combina psicologia junguiana com os resultados de pesquisas modernas e sofisticadas, para desenvolver um modelo de mudança psicológica por meio de um processo que ele denomina *psicossíntese*. Esta admite que:

> *qualquer aspecto da experiência dos fenômenos (isto é, uma emoção, uma preocupação cognitiva, um bloqueio do desenvolvimento, características da personalidade, etc.), que possa ser visualizado e com que seja possível envolver-se num drama da imaginação, pode ser alterado por essa razão.*[4]

Como analisamos no Capítulo 4, vivemos num mundo "sem rótulo" (para usar a frase de Gerald Edelman). Entramos neste mundo com estruturas cerebrais dadas de antemão (arquétipos) que podem ser muito específicas (como se dá com o canto do pássaro, por exemplo), mas que ainda têm de conseguir sua forma final a partir de nossas experiências com o mundo físico. O cérebro tem de ter mecanismos disponíveis para modificar sua própria estrutura a fim de melhorar a combinação entre o modelo que traz em si e o mundo exterior. Isto é: temos de aprender com a experiência e acrescentar esse conhecimento à nossa memória de longo prazo.

Só nos últimos anos é que temos verdadeiramente descoberto de que modo esse processo ocorre. Quando "visualizamos e nos envolvemos num drama da imaginação", todo o corpo reage, quer estejamos fazendo isso num acontecimento da vida real, quer num sonho ou na imaginação ativa. O sistema nervoso autônomo se ativa, fazendo que nosso coração bata mais rápido e enviando hormônios ao nosso corpo a fim de prepará-lo para a ação; mas também enviamos informações ao cérebro a fim de fazer mudanças permanentes, se necessário, quanto ao seu modelo de realidade. Alguns pesquisadores acreditam hoje que, toda vez que o sistema simpático entra em jogo, são ativados os *primeiros genes intermediários* (PGIs). Por meio de um processo que envolve genes criando proteínas, o que, por sua vez, afeta as estruturas neurais, esses genes na verdade fazem mudanças permanentes no cérebro.[5] Com as mudanças na estrutura neural em ordem, o ciclo se completa à medida que "a mente modula as funções bioquímicas nas células de todos os sistemas principais de órgãos e tecidos do corpo por meio do sistema nervoso autônomo".[6] Por outras palavras, o corpo muda a mente e então a mente muda o corpo. Tanto o modelo poético de Jung como o mecanismo de psicossíntese do doutor Rossi estão corretos.

O processo que envolve assimilar a sombra na nossa personalidade para formar uma personalidade mais ampla é um exemplo excelente de como funciona a psicossíntese. Nos capítulos anteriores, analisamos três modos pelos quais a sombra "pode ser visualizada e é possível se envolver com ela num drama da imaginação": (1) por meio de seu aparecimento em nossos sonhos; (2) por meio da imaginação ativa; (3) por meio de sua projeção nas pessoas no mundo exterior. O processo de assimilar a sombra é idêntico, independentemente de se a estamos deparando nos sonhos, na imaginação ativa ou na projeção. Isso é porque, como afirma o doutor Rossi,

> *todo acesso é uma nova estrutura. Cada vez que temos acesso à lembrança que depende do estado, os processos do aprendizado e do comportamento que codificam um problema, temos a oportunidade de "reassociar e reorganizar" ou* reestruturar *esse problema de um modo que o resolve... A lembrança é sempre um processo construtivo por meio do qual verdadeiramente sintetizamos uma nova experiência subjetiva toda vez que recordamos um evento passado.*[7]

No Capítulo 4, discutimos os estágios por meio dos quais avançamos enquanto integramos as projeções da sombra, do modo como foi originariamente desenvolvido por Marie-Louise von Franz e interpretado por Robert Bly e Wolfgang Giegerich. Recordemos brevemente o processo.

Quando a sombra aparece pela primeira vez, vemo-nos totalmente apanhados nas projeções e não temos idéia alguma de que estamos verdadeiramente deparando nossos próprios problemas interiores. À medida que nos tornamos conscientes de que nossas projeções não condizem com a realidade, começamos a diferençar o que é nós do que está verdadeiramente no mundo exterior. Essa fenda entre aquilo que anteriormente julgamos fosse verdade e aquilo que agora estamos descobrindo que é verdade, cria um dilema que leva a um conflito moral. Posteriormente, somos capazes de ver plenamente através da ilusão e de refletir sobre o porquê ela ocorreu. Ao cabo do processo, chegamos a uma relação amigável com a sombra, de tal modo que uma nova identidade veio à luz, combinando quem somos com os traços de que necessitávamos e que estavam escondidos na sombra.

De modo semelhante, o doutor Rossi admite que assimilamos novos materiais na psique por meio de um processo do aumento da auto-reflexão. Ele esboça cuidadosamente um modelo de psicossíntese de sete estágios através do crescimento no grau da auto-reflexão, do modo como se apresenta em nossos sonhos. Em sua obra experimental, o psicólogo doutor Alan Moffitt dividiu o estágio final do doutor Rossi em três estágios, chegando a uma classificação em nove estágios da auto-reflexão nos sonhos, classificação que é a seguinte:[8]

1) *A pessoa que sonha não está no sonho; objetos não-familiares; nenhuma pessoa presente*
2) *A pessoa que sonha não está no sonho; pessoas e objetos familiares presentes*
3) *A pessoa que sonha está completamente envolvida com o drama do sonho; nenhuma outra perspectiva*
4) *A pessoa que sonha está presente predominantemente como um observador*

5) *A pessoa que sonha repassa uma idéia ou tem uma comunicação definida com alguém mais*
6) *A pessoa que sonha passa por uma transformação do corpo, da função, da idade, da emoção, etc.*
7) *A pessoa que sonha tem níveis múltiplos de percepção; ao mesmo tempo participa e observa; nota coisas estranhas enquanto sonha; tem a experiência do sonho dentro do sonho*
8) *A pessoa que sonha tem um controle significativo dentro da história do sonho ou sobre ela; é capaz de acordar deliberadamente*
9) *A pessoa que sonha pode refletir conscientemente sobre o fato de que está sonhando; sonho lúcido*[9]

No decorrer das duas últimas décadas, o doutor Moffitt usou esse quadro para classificar os sonhos dos sujeitos em seu laboratório para experiências com o sonho na Carleton University de Ottawa, Canadá. Ele uniu essa classificação ao registro digitalizado dos padrões do EEG dos sujeitos enquanto eles estavam tendo um sonho. Porque os padrões do EEG eram armazenados numericamente em vez de graficamente, ele pôde redigir um programa para analisar o estágio do sono em que o sonho ocorria. Os resultados foram então armazenados num minicomputador (de tecnologia de ponta quando ele deu início ao projeto). Moffitt pôde então, de imediato, determinar quantas vezes os sonhos ocorriam em cada estágio da condição de auto-reflexão e relacioná-los com os estágios do sono.

No Capítulo 1, mencionamos um resultado fundamental dessa pesquisa: *em vez do sonho ocorrendo apenas durante o sono-REM, como se acreditava tradicionalmente, o sonho ocorre durante todos os estágios do sono.* Sonhamos continuamente noite afora. Porque as características dos diversos estágios do sono são notadamente diferentes, e ainda assim sonhamos em todos eles, o doutor Moffitt acha que é muito provável que também sonhemos continuamente durante as horas de vigília. O sonho é o processo por meio do qual assimilamos novos conhecimentos na nossa personalidade. Jung já havia especulado que isso era verdade, mas a pesquisa do doutor Moffitt chega perto de prová-lo.

Se nós, verdadeiramente, assimilamos o conhecimento do modo como o doutor Rossi sugeriu, esperaríamos que todos os seus estágios ocorressem uma vez ou outra em nossos sonhos. A maioria de nossos sonhos seriam aqueles em que estamos presentes, quer silenciosos quer nos comunicando com alguém mais. Bem menos comuns seriam os sonhos em que não estamos sequer presentes — um final da escala da condição de auto-reflexão — ou nos vemos tão auto-reflexivos, que estamos nos transformando, nos irmanando, que temos níveis múltiplos de percepção, etc., no outro extremo da escala. Com efeito, o doutor Moffitt descobriu que todos os estágios do doutor Rossi ocorriam em sonhos, sendo os Estágios 3 e 5 os mais comuns (isto é, quando a pessoa que sonha está presente no sonho) e com a freqüência se dissipando rumo aos dois extremos da escala.[10]

Um dos alunos do doutor Moffitt na ocasião, a doutora Janet Mullington, desenvolveu essa pesquisa para estudar se os estágios semelhantes da auto-reflexão ocorriam durante as horas de vigília. Eles ocorriam.[11] Assim, estamos sonhando todo o tempo, dia e noite, e, uma hora ou outra, nossos sonhos ocorrem em todos os estágios da auto-reflexão prefigurados pela teoria do doutor Rossi. Esse trabalho teórico e experimental de extrema importância ainda é bem pouco conhecido.

## *Preparação para a transformação: sonhos tardios da sombra*

*Sonhamos um mundo no ser que nos sonha no ser.*

— Richard Grossinger[12]

É essa estranha dualidade da experiência representada pelos últimos estágios da escala de Rossi/Moffitt que nos diz que estamos começando a nos unir à sombra. Nossos sonhos comumente reconhecerão essa ambigüidade de identidade de diversas formas. Freqüentemente, as pessoas "se irmanarão" nos sonhos pouco antes de emergirem na consciência total. As transformações de um estado do ser para outro ou de uma identidade para outra são comuns. Esses sonhos invariavelmente significam que algo novo está entrando na consciência, e eles ocorrem na maioria das vezes em pontos críticos do nosso desenvolvimento, tais como quando a sombra está se fundindo com a consciência. Voltemos os olhos para os sonhos de alguma sombra tardia e real para ver de que modo eles demonstram esse aumento na auto-reflexão, como que a preparar para a transformação. Começarei com um breve sonho que tive.

*Figura 17*

*Por vezes, as pessoas "se irmanarão" nos sonhos pouco antes de emergirem na consciência total.*

## Sonho com fantasmas

*Estou começando a me tornar metade fantasma e metade humano. Também estou apenas começando a ser capaz de ver o aspecto da metade fantasma das outras pessoas.*

Um fantasma é um espírito, uma identidade não-material que sobrevive à morte. Talvez pudéssemos dizer que ele é a alma, se não restringirmos isso à visão da alma própria do cristianismo moderno.[13] No sonho, minha identidade está começando a se combinar com a identidade do fantasma. Em outras palavras, minha personalidade normal está se fundindo com a personalidade mais profunda. E de alguma forma isso me ajuda a ver essa parte mais profunda — o fantasma — nos outros.

Tive esse sonho numa época em que estivera trabalhando com pacientes por cerca de um ano e meio, tanto numa casa para readaptação de jovens adultos com perturbações graves como também numa clínica de pacientes de ambulatório, em que eles apresentavam problemas emocionais de menor gravidade. Sobretudo ao trabalhar com os primeiros, vi-me obrigado a sair do fundo de mim mesmo para ajudá-los. Por exemplo, eu costumava trabalhar com a hipnose e com outros estados alterados de consciência. Mais habitualmente, eu igualava a respiração e os movimentos do paciente até que estivéssemos sincronizados, e aos poucos retardava a minha respiração e os meus movimentos até que eu provocasse um estado alterado de consciência em nós dois. A essa altura, eu às vezes sentia as emoções da pessoa fluindo através de mim. Assim eu descrevi o processo num livro anterior:

*Chorei muito as lágrimas de meus pacientes; invariavelmente, isso os libertava de todo, como se eles tivessem chorado as próprias lágrimas. À medida que eu avançava com essa técnica, melhorava cada vez mais ao separar as emoções deles das minhas. A princípio, é uma sensação estranha sentir uma emoção e saber que ela não é sua.*

*Posteriormente, descobri que eu podia [passar por esse processo] num nível mais aprimorado. Nessa época, eu não tinha mais de sentir a emoção do paciente diretamente. Podia apenas conservar o centro, dirigir a atenção ao paciente e então, de alguma forma, eu me tornava consciente das coisas que tinha de fazer com ele.*[14]

Aos poucos, descobri que tinha um profundo conhecimento não só dos meus pacientes psicóticos, mas também dos meus pacientes com perturbações menos graves e, depois, de todas as pessoas com quem entrasse em contato no curso da minha vida. Esse sonho assinalou um ponto em que isso ainda era uma experiência alarmante em vez do lugar comum em que depois ela veio a se transformar.

## Tornando-se uma coisa só com o mágico

Eis um sonho maravilhoso em que as transformações estão começando a ocorrer, e a pessoa que sonha está prestes a se fundir com a sombra.

*A pessoa que sonha está sentada próxima do fundo de um grande auditório. O espetáculo estava quase no fim e havia uma sensação boa pairando no ar. Um jovem levantou-se da platéia e percorreu o corredor central, subindo depois ao palco. A pessoa que sonha compreendeu que o jovem era um mágico e um amigo íntimo. O mágico pegou um jornal e dobrou-o na sua frente. Aos poucos, uma forma, que poderia ser vista como um vaso, surgiu dentro do jornal. A platéia ficou pasma, cada vez mais pasma, à medida que a forma se alterava, alongando-se ou encurtando, tomando volume aqui e ali, ao mero aceno das mãos do mágico. Ele por fim afastou o jornal, revelando um vaso multicolorido. À medida que foi andando para o fundo do palco, o vaso continuou a mudar sob suas mãos.*

*Enquanto isso estava acontecendo, a pessoa que sonhava viu-se cada vez mais perto do mágico. Sentiu que ambos de alguma forma estavam juntos nisso. Por fim, o mágico depositou o vaso num altar, no fundo do palco e voltou-se para a platéia com um dar de ombros, como que a dizer, "É o melhor que posso fazer". A platéia adorou. Quando o sonho terminou, a pessoa que sonhava e o mágico tocaram-se as mãos, cumprimentando a platéia.*

Como analisamos no Capítulo 1, a sombra aos poucos transforma sua aparência nos sonhos, desde repulsiva nos sonhos iniciais, passando a familiar mas desdenhada, até se tornar amiga íntima e respeitada nos sonhos posteriores. Já que a pessoa que sonha considera o mágico — isto é, a sombra — um amigo íntimo, esse sonho claramente representa um período em que a sombra está muito próxima de se integrar na personalidade. O cenário é dramático: o espetáculo está quase no fim quando o mágico surge inesperadamente da platéia. Em outras palavras, assim como as coisas estão próximas do fim, o espetáculo real começa.

O mágico é capaz de fazer um vaso aparecer e se transformar, primeiro escondido por trás do jornal, depois fora e aos olhos de todos. Um vaso é um continente, algo que dá forma a qualquer líquido nele contido. Durante nossa relação com a sombra, muitos sentimentos estranhos e novos afloram dentro de nós. A princípio, essas novas emoções são vagas e informes, o que faz com que nos sintamos mal. Aos poucos, desenvolvemos novos continentes para essas emoções; damos-lhes uma forma nova. Os continentes que desenvolvemos se alongam ou encurtam, se estreitam ou se alargam, à medida que encontramos a forma certa para conservar esse novo nós.

No começo do sonho, a pessoa que sonha está no fundo da platéia — trata-se estritamente de um observador. À proporção que o sonho vai-se desenrolando, a pessoa se aproxima cada vez mais do mágico até que, próximo ao final, ela compreende que ambos estão realizando juntos a mágica. No final do sonho, terminada a mágica, ambos estão verdadeiramente tocando-se as mãos. Observe-se que, nesse momento, o vaso que foi criado foi posto sobre um altar, ou seja, esse novo continente é sagrado, santo. Como se poderia esperar, esse sonho deu-se pouco antes de uma mudança fundamental na vida da pessoa que sonhou.

## Cruzando a fronteira, ritual, morte e transformação

Eis um sonho que passa por três estágios que poderíamos chamar: (1) transpor a fronteira; (2) ritual; e (3) morte e transformação.

**Transpor a fronteira**: *a pessoa que sonha fez uma viagem com uma senhora amiga através da fronteira rumo à cidade do México. Depois de fazer o* check in, *de apresentar os passaportes, etc., a mulher se tornou um homem e, depois, o irmão da pessoa que sonha. Esta discute com o funcionário do balcão.*

**Ritual**: *ainda na cidade do México, a pessoa que sonha, seu irmão e seu pai entraram numa igreja católica com algum objetivo não-religioso. Contudo, o serviço divino estava em curso, de modo que eles se ajoelharam nos bancos na parte de trás da igreja. O padre, provavelmente um bispo, era muito velho. Seu bisneto, também um padre, estava ajudando na cerimônia. Uma mulher chegou, dobrando toalhas sob o queixo das pessoas para prepará-las para a comunhão. Isso irritou a pessoa que sonhava, e que, no sonho, arrancou a toalha.*

**A morte e a transformação**: *depois do serviço divino, a pessoa sonhando, junto com seu pai e seu irmão, saíram da igreja. A pessoa que sonhava disse que queria ficar só no seu carro. Enquanto lá estava sentada ao pé de uma colina, um homem em outro carro veio guiando colina abaixo diretamente até ela. Esta continuava irritada, mas não com medo. Quando os dois carros se chocaram, a pessoa que sonhava sentiu que as coisas apenas desapareciam, como se o velho deixasse de existir e algo novo passasse a existir.*

As transformações da personalidade — a psicossíntese, na definição do doutor Rossi — ocorrem no limite entre o consciente e o inconsciente. Veremos isso de novo no sonho que se segue. No sonho a que aludimos acima, a pessoa que sonha cruza a fronteira entre os Estados Unidos e o México. Ao fazer isso, não se encontra apenas num país estrangeiro, está imediatamente na sua capital, a cidade do México. As identidades são menos definidas agora que ela cruzou o limiar rumo ao inconsciente: sua companheira feminina transforma-se primeiramente num homem e depois em seu irmão. Ainda posteriormente, seu pai aparece, sem nenhuma explicação, no sonho.

Desde o momento em que a pessoa transpõe o limiar rumo ao inconsciente, ela está irritada e inclinada à discussão. Essa irritabilidade é uma experiência comum quando as fronteiras entre o consciente e o inconsciente, o ego e a sombra, estão começando a se dissipar. Lembre-se de como Alice estava irritada a maior parte do tempo no País das Maravilhas, onde não era aplicada nenhuma lei comum da vida. Normalmente em nossos sonhos, não temos consciência dessa distinção (ou seja, durante os Estágios 3 ou 5 de Rossi/Moffitt) e só aceitamos o mundo do sonho sem questioná-lo. Quando chegamos aos estágios posteriores, em que o grau de auto-reflexão aumenta, o conflito entre os valores conscientes e inconscientes nos deixa com pruridos e mal-estar.

A pessoa que sonha, que fora educada no catolicismo, entra numa igreja católica. Embora acredite que isso é por motivos não-religiosos, ela, não obstante, é obrigada a continuar sentada até o fim do serviço divino. Jung amiúde dizia que todos os problemas emocionais na segunda metade da vida se encontram nos problemas espirituais de nível mais profundo, as tentativas de encontrar o sentido da vida. Esse serviço divino se realiza por meio de uma combinação do muito antigo e do muito jovem, o bispo e seu bisneto. Essa combinação se dá com tanta freqüência, que foi identificada na psicologia junguiana como o problema do "Puer/Senex", isto é, a necessidade de reconciliar a sabedoria tradicional representada pelo velho ("Senex") com a necessidade de novidade e mudança representada pelo jovem ("Puer"). Enquanto nos vemos aprisionados nesse dilema, podemos variar entre a aquiescência irrefletida quanto a valores convencionais e a revolta irada contra esses mesmos valores. No sonho, esse processo está bem avançado, já que idade e juventude já estão trabalhando em harmonia para levar a efeito o ritual religioso apropriado, posto que a pessoa que sonha ainda não está em harmonia com as conseqüências.

Mesmo com o ritual concluído, a pessoa que sonha continua irritadiça; porém, agora o desfecho está prestes. A pessoa se separa do pai e do irmão para que o ego confronte sua própria morte. Quando se dá a batida dos carros, a pessoa que sonha por fim tem consciência de que uma mudança fundamental ocorreu com o velho ao ser substituído pelo novo. Evidentemente, a pessoa ainda não tem nenhuma idéia do que isso significa, e não há nenhuma imagem no sonho daquilo a que se parece a pessoa que sonha e que foi transformada. Em outras palavras, isso é ainda uma transformação incompleta que tem de preceder em algum tempo a fusão real do ego com a sombra.

## Ego e sombra se fundem

Segue-se um sonho em que verdadeiramente vemos a personalidade ego se fundir com a sombra.[15]

> *Um homem — que por vezes era a pessoa que sonhava — estava dentro de uma construção comprida e retangular, e olhava a praia pela janela dos fundos. Havia um homem vadeando à beira-mar. A pessoa que sonhava abriu as janelas, saltou através delas e correu pela praia rumo ao homem. Um guarda dentro da construção gritou-lhe que parasse, enquanto um outro homem, em quem a pessoa que sonhava pensava como sendo o "espião", também correu pela praia rumo ao nadador. Quando o espião chegou a este, houve uma briga, e ambos afundaram. Quando o homem que vadeava pela praia apareceu sozinho, teve-se a impressão de que o espião se afogara, mas a pessoa que sonhava estava consciente de que, verdadeiramente, foi o homem vadeando pela praia quem se tinha afogado. A esta altura, o espião se tornou a pessoa que sonhava.*

*Depois dessa transformação, a pessoa que sonhava nadou para mais longe. O oceano agora se havia transformado numa grande piscina. Uma bela mulher veio nadando para os seus braços e eles se beijaram apaixonadamente.*

Há uma ambigüidade no começo do sonho: a pessoa que está sonhando também é quem observa o sonho, no entanto, ela é também, de alguma forma, o homem no prédio, que, por sua vez, é também quem observa. Assim, de modo claro, a pessoa que sonha está às voltas com o material que experimenta e sobre o qual reflete ao mesmo tempo.

Dois outros homens aparecem com destaque no sonho: a pessoa que vadeia na orla da praia e o espião. O inconsciente por vezes é representado em nossos sonhos por meio do oceano, que é a fonte de toda vida física, assim como é a fonte de toda existência psíquica. A orla da praia é, de novo, aquele território limítrofe, analisado no sonho anterior, em que consciente e inconsciente se fundem. Observe-se que, nesse sonho, a única figura masculina está vadeando exatamente nesse ponto fronteiriço. Isso poderia ter sido um sonho inicial da sombra em que a pessoa que sonhava apenas começava a estabelecer contato com o inconsciente. Com efeito, trata-se de um sonho tardio da sombra, em que a transformação está em vias de ocorrer no limite entre consciente e inconsciente.

Um espião é alguém que apresenta uma falsa identidade, a fim de se infiltrar numa organização e conseguir informações secretas. Quando estamos reunindo informações vindas do inconsciente, é essa exatamente a impressão da nossa posição. De fato, não aprovamos o que estamos fazendo: isso parece algo criminoso; no entanto, o fazemos de qualquer modo porque precisamos do conhecimento. Leva muito tempo para que fiquemos à vontade na nossa função de espião. O espião legítimo é um profissional que não se bate mais com nenhum dilema moral no que tange às suas ações.

Esse sonho apresenta a integração da sombra na pessoa que sonha do modo mais dramático possível. Há uma batalha entre o homem que apenas vagueia pela orla da praia e o espião. Em outras palavras, uma batalha entre a parte de nós que pensa que podemos ser negligentes quanto a esse processo, que ele verdadeiramente não nos vai afetar a vida, e a parte que é um profissional, pronto a fazer o que deve ser feito. Na batalha, suas identidades separadas se combinam, de modo que se tem a impressão de que o espião se afogou no inconsciente enquanto, na verdade, é a pessoa que vadeava na praia quem se afogou. Compreendendo isso, a pessoa que sonha torna-se um espião. Isso é um complexo que aflora dos três aspectos separados da personalidade numa nova personalidade unificada que incorpora os três.

O pós-escrito nos conta um pouco acerca do que acontece quando completamos o processo da sombra. Primeiramente, o que nos parecia uma extensão ilimitada do oceano agora é tão-só uma piscina. Isso é porque a maior parte da nossa luta com a sombra é uma luta com o inconsciente pessoal; ou seja, com os traços pessoais que negamos ou não desenvolvemos. A própria sombra é arquetípica e está além de nossos limites pessoais, mas nosso embate com ela é, em grande medida, um embate com nossos próprios problemas. Em segundo lugar, "uma bela mulher nada na direção dos braços da pessoa que sonha, e eles se beijam apaixonadamente". Quando ao fim e ao cabo integramos a sombra, as trevas com que nos batemos se dissipam. O mundo se torna de repente bastante atraente, e nossa vida de novo se enche de paixão. Isso, por sua vez, cria outros problemas, mas isso é o tópico de outro livro.

Assim como Ged, por fim, encontrou paz no que concerne à sua sombra e Gollum foi capaz de levar a bom termo a busca do anel de Frodo, chegamos ao final da jornada que empreendemos com a sombra. Ela foi uma ótima companheira ao longo do caminho e, espero, tornou-se um convidado respeitado na sua vida.

## *Posfácio*

# O intercâmbio de luz e escuridão

*As primeiras horas da manhã*
*Erguem a sombra do engano de si mesmo*
*do mundo.*
*A Escuridão da noite*
*Revela o que a luz do dia*
*não pode revelar*
*Pois o clarão da luz*
*Confunde e abranda as*
*realidades cruéis da alma*
*Que só a Escuridão em sua*
*presença, que a tudo envolve, pode revelar.*

— Katherine Robertson

Antes que me pedissem para escrever este livro, eu já escrevera sobre a sombra em diversas obras, e não achava que ainda tinha muito a dizer sobre ela. Mas, no decorrer do trabalho, percebi que estava errado. Em primeiro lugar, talvez mais do que qualquer outra pessoa que escreva sobre a sombra, eu acredito no seu bem inerente, na sua tentativa de fazer com que nos tornemos as pessoas que devemos ser. A sombra é um paradoxo. Enquanto no começo se mostra a nós relutante e desprezível, ela verdadeiramente traz em si todas as nossas possibilidades futuras para o desenvolvimento. Sempre tentei dar boas-vindas à sombra na minha vida, quando ela apareceu nos meus sonhos. Talvez por causa dessas boas-vindas é que a sombra sempre foi boa comigo.

Cheguei originariamente à psicologia junguiana quando passei por uma crise de identidade quando estava na metade da casa dos trinta, crise que descrevi brevemente no Capítulo 1. Depois de eu próprio pelejar com os problemas por alguns meses, comecei uma análise junguiana. Na primeira sessão, meu analista me disse que iríamos trabalhar muito com os meus sonhos. Quando eu lhe disse que nunca sonhava, ele pediu-me que fizesse a tentativa de lembrar qualquer sonho que eu tivera antes. Fui para casa e, antes de ir dormir, deixei papel e lápis perto da cama. Nessa noite, tive cinco sonhos! Até hoje, tenho registrado uma média de três sonhos por noite.

À proporção que eu começava a registrar ativamente os meus sonhos e a trabalhar com eles, também começava a ler Jung. Ele foi uma revelação tão grande quanto os próprios sonhos. A combinação da estranha e nova paisagem dos sonhos, com a visão ampla do doutor Jung quanto às possibilidades do desenvolvimento humano, eram como dar um passo rumo a um novo mundo. Desde então, jamais deixei esse mundo.

A maior parte do meu trabalho durante esse primeiro ano veio a ser o trabalho da sombra. Embora eu sentisse muita depressão durante esse ano (e nos anos seguintes, como qualquer um que esteja às voltas com o inconsciente), houve também muita animação. Eu tinha a sensação de que estava fazendo algo importante não apenas para mim mesmo, mas para algum poder mais profundo em mim. Já que a sombra era o local em que eu realizava o meu trabalho, eu a respeitava. E ela a mim, por sua vez.

Depois de pouco menos de um ano, passei a freqüentar uma série de palestras introdutórias sobre psicologia junguiana dadas no Jung Institute da região. Na primeira palestra, o expositor, que aliás era muito bom, apresentou a sombra em grande parte como o lado obscuro e maléfico da nossa personalidade com o qual temos de nos reconciliar de alguma forma. Levantei a mão e calmamente falei de como a sombra traz em si tudo o que nós podemos ser, de como a sombra é, assim, o nosso primeiro olhar para o *Self*, essa parte de nós que beira a divindade. Senti-me bem por ter desenvolvido o assunto até o fim e por ter feito isso de forma a não insultar o expositor. Posteriormente, quando estava saindo do recinto, uma mulher me abordou e se apresentou como a então presidente do Instituto. Ela própria me agradecia pelo que eu dissera sobre a sombra, já que, se assim não fosse, ela teria de interromper o palestrista e acabaria por embaraçá-lo. Isso foi o primeiro indício de que talvez eu conhecesse a sombra um pouco mais do que a maioria.

Passados alguns anos, na época em que eu fazia o meu treinamento como conselheiro numa clínica na região, participei de uma conferência semanal realizada para todos os conselheiros e supervisores (psicólogos licenciados que ajudavam os conselheiros a aprender o ofício por meio de grupos semanais de supervisão). Durante a tarde, eu participava de uma oficina que meu supervisor estava dando sobre a sombra. Ele não era junguiano e estava se ocupando dessa matéria pela primeira vez. Ele apresentou a sombra como a "força do lado negro" de *Guerra nas Estrelas*, o que me fez encolher na cadeira. Quando a platéia começou a fazer-lhe perguntas difíceis, consegui achar um modo de ajudá-lo com o que era, em grande parte, o mesmo tipo de discurso que eu fizera na série de palestras introdutórias sobre Jung. O palestrista ficou muito agradecido e, depois, saímos juntos e conversamos um bom tempo sobre a sombra.

Com o correr dos anos, descobri diversas vezes que a maioria das pessoas passou por tempos difíceis vendo a sombra como algo além do seu lado maléfico. Freud tinha em grande parte a mesma visão do inconsciente, do id, considerando exclusivamente como nossas necessidades e desejos primitivos que sempre estarão em conflito com a nossa racionalidade de civilizados. Enquanto conservarmos essa visão simplificadora, nossas tentativas de integrar a sombra estão fadadas, no melhor dos casos, a uma trégua cheia de tensões. Por toda a nossa vida, só temos visto essa atitude projetada nas pessoas que consideramos inimigas, assim como a União Soviética depois da Segunda Grande Guerra.

Embora de forma alguma eu tenha a intenção de denegrir pontos de vista religiosos tradicionais, às vezes eles contribuem para o problema. A cristandade e o judaísmo, por exemplo, apresentam a moralidade em termos de certo e errado, de bom e mau. A virtude é recompensada, o vício, punido. Nossa meta é buscar a luz e dissipar as trevas. Infelizmente, a vida é mais complexa. Bem e mal, virtude e vício não se separam sempre tão prontamente. E a escuridão pode simplesmente ser o desconhecido, em que a luz nunca teve a oportunidade de brilhar.

Quem quer que não seja um sonhador inconseqüente — Pollyanna do conhecido conto — sabe que existe o mal no mundo; no entanto, não é bom igualar a sombra a esse mal. A sombra de muitos modos está além do bem e do mal — ela é simplesmente uma força natural como o vento e as marés; porém, nem isso lhe faz justiça. À proporção que vimos a conhecer a sombra e a integrá-la na nossa vida, nos tornamos pessoas melhores, não piores. Somos mais tolerantes, mais capazes de nos colocar no lugar de uma outra pessoa. Vemos mais possibilidades em qualquer situação do que as que se apresentam num esquema simplista da moralidade; no entanto, nem isso lhe confere suficiente dignidade. As pessoas que integraram a sombra em sua personalidade em geral se tornam verdadeiramente dóceis. Pensam nos outros e zelam pelo seu bem-estar de um modo que ainda é incomum. Praticam as virtudes religiosas, não por medo das conseqüências, mas simplesmente porque zelam pelos outros.

Se existe algo que eu espero que o leitor consiga com este livro, esse algo é a simples compreensão de que a vida não está aí para apanhá-lo e de que a sombra é o seu guia para uma vida melhor.

*Figura 18*

*Se há algo que eu espero que o leitor consiga com este livro, esse algo é a simples compreensão de que a vida não está aí para apanhá-lo e de que a sombra é o seu guia para uma vida melhor.*

# Notas

## Introdução

1. Wilhelm Reich, *Character Analysis*, 3ª ed. (Nova York, Simon and Schuster, Touchstone, 1972). Ver também Ken Dychtwald, *Body-Mind* (Nova York: Jove Books, 1977), para informação resumida e atualizada sobre as idéias de Reich.

2. Gail Sheehy, *Passages* (Nova York, Bantam Books, 1977).

3. A. I. Allenby descrevendo uma conversa com C. G. Jung, in C. G. *Jung Speaking: Interviews and Encounters*, William McGuire e R. F. C. Hull, orgs. (Princeton: Princeton University Press, Bollingen Series, 1977), p. 158.

4. William Blake, "The Marriage of Heaven and Hell", in Northrop Frye, org., *Selected Poetry and Prose of William Blake* (Nova York: Modern Library, 1953), p. 125.

5. Ursula Le Guin, *A Wizard of Earthsea* (Nova York: Bantam Books, 1968).

6. Em todo este livro, meus comentários pessoais estão blocados e em itálico. Também bloquei e pus em itálico os sonhos. Em alguns casos, nos quais as coisas podiam se tornar confusas, como na minha análise da luta de Jacó com um estranho misterioso no Capítulo 2, usei formatos notadamente contrastantes.

7. Citação de Ursula Le Guin, *A Wizard of Earthsea*, p. 179.

8. I Coríntios 13:11.

## Capítulo 1

1. Charles Mills Gayley, *The Classic Myths in English Literature, 2ª edição* (Boston: Ginn & Company, 1894), p. 45.

2. Yousuf Karsh, in *Parade*, 3 de dezembro de 1978.

3. C. G. Jung, "The Tavistock Lectures", *Collected Works, Vol. 18: The Symbolic Life* (Princeton: Princeton University Press, Bollingen Series, 1969), par. 11.

4. Ver C. G. Jung, *Collected Works, Volume 8: The Structure and Dynamics of the Psyche, 2ª edição* (Princeton: Princeton University Press, Bollingen Series, 1969), par. 397. Para uma reflexão anterior semelhante, ver William James, *The Varieties of Religious Experience* (Nova York, 1902), pp. 226-227. [*As Variedades da Experiência Religiosa*, publicado pela Editora Cultrix, São Paulo, 1991.]

5. Konrad Z. Lorenz, *King Solomon's Ring* (Nova York: Harper Torchbooks, Harper & Row, 1952), p. 140.

6. Realmente, mesmo a imagem não é de fato armazenada. De preferência, o cérebro é capaz de ter acesso a informações arquetípicas e de processá-las ou como comportamento ou como uma imagem intermediária, o que pode permitir que um comportamento mais complexo ocorra.

7. Essas visões modernas da memória e do sentido de percepção como construtivista na natureza se acham espalhadas por uma variedade de disciplinas atualmente; as implicações ainda estão no processo de elaboração.

8. C. G. Jung, *Collected Works, Volume 7: Two Essays on Analytical Psychology, 2ª edição* (Princeton: Princeton University Press, Bollingen Series, 1966), par. 78.

9. C. G. Jung. *Wandlunger und Symbole der Libido* (versão original) (Leipzig e Viena, 1912), p. 221.

10. William Blake, "The Marriage of Heaven and Hell," in Northrop Frye, org., *Selected Poetry and Prose of William Blake* (Nova York: Modern Library, 1953), p. 125.

11. Contei essa história anteriormente em *After the End of Time* (Virginia Beach: Inner Vision, 1990), pp. 171-172.

12. C. G. Jung, "The Tavistock Lectures," *Collected Works, Volume 18: The Symbolic Life* (Princeton: Princeton University Press, Bollingen Series, 1969), par. 40.

13. Ver Alan Moffitt, "The Creation of Self in Dreaming and Waking," *Psychological Perspectives*, Número 30 (Los Angeles: C. G. Jung Institute, 1994), pp. 42-69.

14. Marie-Louise von Franz, *Projection and Re-Collection in Jungian Psychology* (La Salle & Londres: Open Court, 1980), p. 3.

15. C. G. Jung, *Collected Works, Volume 5: Symbols of Transformation, 2ª edição* (Princeton: Princeton University Press, Bollingen Series XX, 1967), par. 581.

16. C. G. Jung, *Collected Works, Volume 14: Mysterium Coniunctionis, 2ª edição* (Princeton: Princeton University Press, Bollingen Series, 1963/1970), par. 470.

17. Richard Grossinger, "The Dream Work", in *Dreams Are Wiser Than Men*, Richard Russo, org. (Berkeley: North Atlantic Books, 1987), p. 205.

18. J. R. R. Tolkien, *The Hobbit* (Boston: Houghton Mifflin Company, 1966).

19. Composto por três volumes: *The Fellowship of the Ring, The Two Towers* e *The Return of the King*. Todos de J. R. R. Tolkien, na edição de 1965 da Ballantine P. B.

20. Sonho dado pela contribuição de Edward Harper a um debate on-line sobre a Sombra, "Jung Book Talks", *CSF Seminars On-Line*, 1/27/97-2/2/97.

21. Julius C. Travis, "The Hierarchy of Symbols", in *The Shaman from Elko: Papers in Honor of Joseph L. Henderson*, Garth Hill, org. (Boston: SIGO Press, 1978), p. 225.

## Capítulo 2

1. Edward F. Edinger, *The Mysterium Lectures* (Toronto: Inner City Books, 1995), pp. 88-89.

2. Jack Zipes, tradutor, *The Complete Fairy Tales of the Brothers Grimm* (Nova York: Bantam Books, edição de P. B., 1992), pp. 2-5.

3. Richard Grossinger, "The Dream Work", p. 204.

4. Kathleen Jenks, *Journey of a Dream Animal* (Nova York: The Julian Press, 1975), p. 23.

5. M. Esther Harding, *The "I" and the "Not-I"* (Princeton: Princeton University Press, Bollingen Series, 1965), p. 16.

6. Ambas as citações da história em M. Esther Harding, *The "I" and the "Not-I"*, p. 84.

7. C. G. Jung, "On the Nature of the Psyche" (1947/1954), *Collected Works, Volume* 8, par. 385.

8. C. G. Jung, "The Transcendent Function" (1916), *Collected Works, Volume* 8, par. 137.

9. C. G. Jung, "Analytical Psychology and Weltanschauung" (1927), *Collected Works, Volume* 8, par. 695.

10. Marie-Louise von Franz, *An Introduction to the Psychology of Fairy Tales* (Irving, Texas: Spring Publications, 1978), p. 1.

## Capítulo 3

1. Janet Dallett, "Active Imagination in Practice", in *Jungian Analysis*, Murray Stein, org. (La Salle, Illinois: Open Court Publishing), p. 176.

2. Os comentários de John Talley sobre o "An Undivided World Includes the Shadow" de Alfred Plaut, in *The Archetype of Shadow in a Split World: Proceedings of the Tenth International Congress for Analytical Psychology*, Berlim, *1986*, Mary Ann Mattoon, org. (Einsiedeln, Suíça: Daimon Verlag), p. 18.

3. Richard Noll, "Multiple Personality, Dissociation, and C. G. Jung's Complex Theory", *The Journal of Analytical Psychology, Vol. 34, Nº 4* (outubro de 1989), p. 364. Ênfase no original.

4. Muito do material aqui e seguinte sobre MPD, especialmente com relação aos pontos de vista de Jung, pode ser encontrado no ensaio fundamental de Richard Noll "Multiple Personality, Dissociation, and C. G. Jung's Complex Theory".

5. A principal coisa com que pude contribuir para a transformação dela foi certa insistência coerente em que esse processo era bom e sagrado, não uma descida à loucura.

6. Théodore Flournoy, *Spiritism and Psychology* (Nova York e Londres: Harper & Brothers, 1911), p. 57.

7. C. G. Jung, "The Transcendent Function", par. 193.

8. Robert A. Baker, *Hidden Memories* (Amherst, Nova York: Prometheus Books, 1996), p. 88.

9. Ambas as citações de Frederick Myers, in Sonu Shamdasani, "Automatic Writing and the Discovery of the Unconscious", *Spring 54* (1993), p. 114.

10. O pseudônimo de Élise-Catherine Müller (1861-1929).

11. Uso o termo junguiano canalização, já que estamos mais familiarizados com canais em nossa época do que com médiuns. Além da diferença de perspectiva entre o final do século XIX e nossa própria época, parece haver pouca diferença entre alguém que dirija uma sessão espírita em que vozes diversas falam através do médium e um canal moderno que permita que personalidades se comuniquem através dele.

12. Nessa descrição, utilizei a extraordinária edição recente de Sonu Shamdasani de Théodore Flournoy, *From India to the Planet Mars: A Case of Multiple Personality with Imaginary Languages* (Princeton: Princeton University Press, 1994). Ver também *Hidden Memories* de Robert A. Baker, Capítulos 2 e 3.

13. Pierre Janet, *L'Automatisme Psychologique* (Paris: Alcan, 1889), p. 135; traduzido por Sonu Shamdasani, in "Automatic Writing and the Discovery of the Unconscious", p. 119.

14. Ver o seguinte de Jane Roberts: *Adventures in Consciousness* (Nova York: Bantam, 1975); *Psychic Politics* (Englewood Cliffs, Nova Jérsei: Prentice-Hall, 1976); *The God of Jane: A Psychic Manifesto* (Nova York: Prentice Hall Press, 1981).

15. Paul Hawken, *The Magic of Findhorn* (Nova York: Harper & Row, 1975).

16. Citação de Sonu Shamdasani, "Automatic Writing and the Discovery of the Unconscious", p. 118.

17. Para um estudo excelente e imparcial de canalização, ver Arthur Hastings, *With the Tongues of Men and Angels* (Fort Worth: Holt, Rinehart and Winston, 1991).

18. "Active Imagination", registro inédito de uma palestra dada em Zurique, no dia 25 de setembro de 1967, numa série especial de palestras para o C. G. Jung Educational Center of Houston, Texas, p. 7.

19. C. G. Jung, *Collected Works, Volume 14: Mysterium Coniunctionis, 2ª edição* (Princeton: Princeton University Press, Bollingen Series, 1963/1970), par. 604n. Eu tenho tentado obede-

cer as injunções de Jung e contar essas histórias sempre que possível. Eu as contei antes in *After the End of Time* (Virginia Beach: Inner Vision, 1990) e *Beginner's Guide to Revelation* (York Beach, Maine: Nicolas-Hays, Inc., 1994). [*Introdução ao Apocalipse*, publicado pela Editora Cultrix, São Paulo, 1997.]

20. Richard Bandler e John Grinder, *Frogs into Princes: Neuro Linguistic Programming* (Moab, Utah: Real People Press, 1979), p. 25.

21. Não a psicologia da Gestalt; as duas coisas são bem diferentes.

22. Para dois livros excelentes representando a posição cética sobre os estados alterados da consciência, ver Robert A. Baker, *They Call It Hypnosis* (Buffalo, Nova York: Prometheus Books, 1990) e Robert A. Baker, *Hidden Memories*.

23. Janet Dallett, "Active Imagination in Practice", p. 180.

24. Ver Eligio Stephen Gallegos, *The Personal Totem Pole: Animal Imagery, the Chakras, and Psychotherapy* (Santa Fé, Novo México: Blue Feather Press, 1987).

25. C. G. Jung, "The Tavistock Lectures", par. 94. Ver também C. G. Jung, "Mind and Earth," 1928/1931, *Collected Works, Volume 10: Civilization in Transition, 2ª edição* (Princeton: Princeton University Press, Bollingen Series, 1964/1970), par. 94.

26. C. G. Jung, "The Transcendent Function", nota preliminar entre os parágrafos 130 e 131.

27. David Fideler, "Notes for Manius of Samaria", *The Life of Proclus*, David Fideler, org. (Grand Rapids: Phanes Press, 1986), p. 61.

28. Richard Noll, "Multiple Personality, Dissociation, and C. G. Jung's Complex Theory", p. 365.

## *Capítulo 4*

1. C. G. Jung, *Collected Works, Volume 9ii: Aion, Researches into the Phenomenology of the Self* (Princeton: Princeton University Press, Bollingen Series, 1968), par. 17.

2. Projeção vem do latim *projectus*, que é o particípio passado de *prociere*, "deitar fora".

3. Henry Reed, "Intimacy and Psi: Explorations in Psychic Closeness", *Journal of Analytical Psychology 41, Part I* (1986), pp. 81-116; "Close Encounters in the Liminal Zone: Experiments in Imaginal Communication", *Journal of Analytical Psychology 41, Part 2* (1986), pp. 203-226.

4. C. G. Jung, "General Aspects of Dream Psychology", *Collected Works, Volume* 8, par. 507.

5. C. G. Jung, "General Aspects of Dream Psychology," par. 509.

6. William James, *The Principles of Psychology, Volume 1* (reimpressão integral da edição de 1890 da Holt and Company) (Nova York: Dover, 1950), p. 76.

7. Gerald Durrell, *Encounters with Animals* (Nova York: Avon Books, 1958), pp. 62-66.

8. William Sulis, "Collective Intelligence as a Model for the Unconscious", *Psychological Perspectives, Issue 35* (Los Angeles: C. G. Jung Institute, 1997).

9. Gerald Durrell, *Encounters with Animals*, pp. 74-78.

10. William James, *Psychology (Briefer Course)* (Nova York: Holt, 1890), pp. 3-4.

11. Para muito mais informações sobre a história das visões do cérebro e da mente, ver Marc Jeannerod, *The Brain Machine: The Development of Neurophysiological Thought* (Cambridge, Massachusetts, e Londres, Inglaterra: Harvard University Press, 1985).

12. Gerald M. Edelman, *Neural Darwinism: The Theory of Neuronal Group Selection* (Nova York: Basic Books, 1987), pp. 26-27.

13. A transferência é o termo psicanalítico formal para designar a projeção do paciente de seus problemas no psicoterapeuta. Temos discutido projeção num sentido mais amplo, do qual a transferência é apenas um simples exemplo.

14. Edward T. Hall, *Beyond Culture* (Garden City, Nova York: Anchor Books, 1977), pp. 25-40.

15. C. G. Jung, *Collected Works, Volume 11: Psychology and Religion, 2ª edição* (Princeton: Princeton University Press, Bollingen Series, 1969), par. 140.

16. Robert Bly, *A Little Book on the Human Shadow* (São Francisco, Harper & Row 1988), p. 23.

17. Marie-Louise von Franz, *Projection and Re-Collection in Jungian Psychology* (La Salle & Londres: Open Court, 1980), p. 10.

18. Robert Bly, *A Little Book on the Human Shadow*, pp. 29-43.

19. Wolfgang Giegerich, "The Advent of the Guest: Shadow Integration and the Rise of Psychology," *Spring 51* (1991), pp. 86-106.

20. C. G. Jung, "General Aspects of Dream Psychology", par. 507.

21. Contribuição de Sue Campbell para um debate on-line sobre a Sombra, "Jung Book Talks", *CSF Seminars On-Line*, 1/27/97-2/2/97.

22. Ver Yoel Hoffman, *The Sound of One Hand: 281 Zen Koans with Answers* (Nova York: Basic Books, 1975).

23. Ver a introdução para a menção anterior.

## Capítulo 5

1. Herbert Weiner, *9 ½ Mystics: The Kabbala Today* (Nova York, Chicago, São Francisco: Holt, Rinehart, and Winston, 1969), p. 7.

2. Santo Agostinho em seu *Enchiridion*, citação em Anthony S. Mercatante, *Good and Evil in Myth and Legend* (Nova York: Barnes & Noble, 1978), p. 7.

3. Santo Tomás de Aquino, citação em Anthony S. Mercatante, *Good and Evil in Myth and Legend*, p. 8.

4. Jean Piaget, *The Moral Judgment of the Child* (Nova York: Free Press, 1965).

5. Kenneth Gergen et al. (orgs.), *Social Psychology: Explorations in Understanding* (Nova York: Random House, 1974), p. 69.

6. Sara Sanborn, "Means and Ends: Moral Development and Moral Education", in *Annual Editions: Readings in Psychology '74/'75* (Guilford, Connecticut: Dushkin Publishing Group, 1974), p. 167.

7. Lawrence Kohlberg, "Stage and Sequence: The Cognitive-Developmental Approach to Socialization", in D. A. Goslin (org.), *Handbook of Socialization Theory and Research* (Chicago: Rand McNally, 1969), p. 379.

8. Ver Kenneth Gergen et al. (orgs.), *Social Psychology: Explorations in Understanding*, pp. 69-72.

9. J. R. R. Tolkien, *The Fellowship of the Ring* (Nova York: Ballantine Books, 1965), p. vii.

10. J. R. R. Tolkien, *The Return of the King* (Nova York: Ballantine Books, 1965), p. 263.

11. J. R. R. Tolkien, *The Return of the King*, p. 263.

12. J. R. R. Tolkien, *The Return of the King*, p. 268.

13. J. R. R. Tolkien, *The Return of the King*, p. 274.

14. J. R. R. Tolkien, *The Return of the King*, p. 277.

## *Capítulo 6*

1. C. G. Jung, "The Archetypes of the Collective Unconscious", *Collected Works, Volume 9i: The Archetypes and the Collective Unconscious, 2ª edição* (Princeton: Princeton University Press, 1969), par. 45.

2. Ernest Lawrence Rossi, *Dreams and the Growth of Personality*, 2ª edição (Nova York: Brunner/Mazel, 1972;1985), p. 13.

3. Ernest Lawrence Rossi, *Dreams and the Growth of Personality*, p. 4.

4. Ernest Lawrence Rossi, *Dreams and the Growth of Personality*, p. 185.

5. Ernest Lawrence Rossi, "The Psychophysiological Basis of Healing Processes: The Communication Loop Between Mind and Gene", in Wayne Jonas e Jeffrey Levin, *Textbook of Complementary and Alternative Medicine* (Nova York: Williams & Wilkins, a ser lançado em 1998).

6. Ernest Lawrence Rossi, *The Psychobiology of Mind-Body Healing* (Nova York e Londres: W. W. Norton & Company, 1986), p. 108.

7. Ernest Lawrence Rossi, *The Psychobiology of Mind-Body Healing*, pp. 68-69.

8. Ver Alan Moffitt, "The Creation of Self in Dreaming and Waking", pp. 42-69. Para mais detalhes de pesquisa, ver Sheila Purcell, Alan Moffitt e Robert Hoffman, "Waking, Dreaming, and Self-Regulation", in Alan Moffitt, Milton Kramer e Robert Hoffman (orgs.), *The Functions of Dreaming* (Albany: State University of New York Press, 1993), pp. 197-260.

9. Alan Moffitt, "The Creation of Self in Dreaming and Waking", p. 54. Também em Purcell, Moffitt e Hoffman, "Waking, Dreaming, and Self-Regulation", p. 212.

10. Numa conversa particular, o doutor Rossi e eu analisamos a possibilidade de que o Estágio 4 pudesse estar fora de lugar, e de que deveria estar entre o atual Estágio 3 ou depois do atual Estágio 5. Se assim fosse, os dois estágios que ocorrem com mais freqüência — os Estágios 3 e 5 atuais — agrupar-se-iam no meio, como se poderia esperar. Em sua tese de doutorado, a doutora Sheila Purcell adaptou a escala de Rossi/Moffitt para criar uma escala de nove estágios do controle do sonho, contrariamente à condição auto-reflexiva. A análise dos sonhos das pessoas que deles se recordam com freqüência ou não, produziu uma curva em forma de sino sob a escala de controle do sonho da doutora. Ver Alan Moffitt, "The Creation of Self in Dreaming and Waking", pp. 60-61. Ver também Purcell, Moffitt e Hoffman, "Waking, Dreaming, and Self-Regulation", pp. 216-219, 233-235.

11. Ver Alan Moffitt, "The Creation of Self in Dreaming and Waking", pp. 56-58.

12. Richard Grossinger, "The Dream Work", p. 191.

13. Ver John A. Sanford, *Soul Journey: A Jungian Analyst Looks at Reincarnation* (Nova York: Crossroad, 1991), para uma história detalhada do conceito de alma.

14. Robin Robertson, *After the End of Time*, p. 74.

15. Descrevi anteriormente esse sonho de modo breve em meu livro *Beginner's Guide to Jungian Psychology* (York Beach: Nicolas-Hays, 1992), p. 191. [*Guia Prático de Psicologia Junguiana*, publicado pela Editora Cultrix, São Paulo, 1995.]